EXPOSITION UNIVERSELLE DE 1855.

COMITÉ DE LILLE.

EXPOSÉ

DES TRAVAUX DU COMITÉ

CHARGÉ DE L'ADMISSION DES PRODUITS DE L'ARRONDISSEMENT DE LILLE

A L'EXPOSITION UNIVERSELLE DE 1855.

C.

EXPOSITION UNIVERSELLE DE 1855.

COMITÉ DE LILLE.

EXPOSÉ

DES TRAVAUX DU COMITÉ

CHARGÉ DE L'ADMISSION DES PRODUITS DE L'ARRONDISSEMENT DE LILLE

A L'EXPOSITION UNIVERSELLE DE 1855.

LILLE,
IMPRIMERIE DE L. DANEL.
1855.

EXPOSITION UNIVERSELLE DE 1855.

COMITÉ DE LILLE.

Exposé des travaux du Comité chargé de l'admission des Produits de l'arrondissement de Lille à l'Exposition universelle de 1855.

Le Comité a été constitué par un arrêté de M. le Préfet du Nord en date du 22 mai 1854.

Ont été nommés membres de ce Comité :

MM. Beaucarne, cultivateur et maire à Croix.
  Benvignat, architecte à Lille.
  Bère, ingénieur des mines, à Lille.
  Bernard, Henri, raffineur de sucre à Lille.
  Bernard, Louis, fabricant et raffineur de sucre, à Lille.
  Boissière, négociant à Roubaix.
  Bossut, H., négociant à Roubaix.
  Bouchart-Florin, fabricant de tissus, à Tourcoing.
  Bruneel, Henri, propriétaire à Lille.
  Cappelle, Louis, cultivateur à Comines.
  Catteau-Lauwick, fabricant de rubans de fil, à Comines.
  Cazeneuve, docteur en médecine à Lille,
  Charié, ingénieur en chef des ponts-et-chaussées, à Lille.

MM. Charvet, Henri, fabricant de tissus à Lille.
Cox, Edmond, filateur de coton à Fives.
Dansette, Hubert, filateur et fabricant de toiles, maire d'Armentières.
Defrenne, Paul, filateur à Roubaix.
Degrimonpont-Vernier, filateur de coton à Lille.
H. Delattre, filateur et maire, à Roubaix.
Delesalle, Gustave, filateur à Lille.
Delesalle, Emile, filateur de lin à Lille.
Delobel-Wattinne, fabricant de tissus, à Tourcoing.
Demesmay, cultivateur à Templeuve.
Des Rotours, maire d'Avelin.
Descamps, Alfred, fabricant de fils retors à Lille.
Descat-Leleux, teinturier-apprêteur à Lille.
Descat, teinturier à Roubaix.
Desmoutiers, agriculteur et fabricant de sucre, à Mons-en-Pévèle.
Desquiens, cultivateur à Fives.
Destombes, François, fabricant d'étoffes à Tourcoing.
Duvilliers, Louis-Joseph, filateur de coton à Tourcoing.
Eeckmann, négociant à Roubaix.
Grimonprez-Bossut, filateur à Roubaix.
Herlin, propriétaire à Lille.
Jonglez-Wattel, filateur de laines à Tourcoing.
Jourdain-Defontaine, fabricant de tissus à Tourcoing.
Kuhlmann, fabricant de produits chimiques, président de la Chambre de commerce de Lille.
Lallemant, maire à Erquinghem-le-Sec.
Laloi, Auguste, fabricant de tissus à Tourcoing.
Lamy, professeur à la Faculté des Sciences de Lille.
Lecat-Butin, cultivateur à Bondues.
Lefebvre, Théodore, fabricant de céruse à Moulins-Lille.
Lefebvre, Julien, membre du Conseil général d'agriculture.
Legavrian, constructeur-mécanicien à Lille.
Legentil-Lorain, propriétaire à Lille.
Lemaitre, Edouard, fabricant à Halluin.
Leroux-Leplat, fabricant de tissus à Tourcoing.
Leroy, Maire à Illies.
Leurent, Jules, filateur et fabricant, à Tourcoing.
Loiset, médecin-vétérinaire à Lille.
Lorthiois-Desplanques, négociant à Tourcoing.
Loyer, filateur de coton à Wazemmes.

MM. Machu père, fabricant de tulle, président du Conseil des Prud'hommes à Lille.
Mahiéu-Delangre, fabricant de toiles à Armentières.
Marteau, architecte du département, à Lille.
Masurel, Carlos, négociant et Maire à Tourcoing.
Mimerel, sénateur à Roubaix.
Piat, César, négociant à Roubaix.
Pommeret, médecin vétérinaire à Lille.
Réquillart, Ernest, fabricant de tapis à Tourcoing.
Reynart-Lesage, directeur du Musée, à Lille.
Roussel-Dazin, négociant à Roubaix.
Roussel de Livry fils, savonnier à Tourcoing.
L. Crespel, négociant à Roubaix.
Scrive-Bigo, filateur et fabricant de lin, à Lille.
Soyer-Vasseur, fabricant de tissus à Lille.
Tilloy-Casteleyn, fabricant de sucre et distillateur, à Lille.
Vernier, Alphonse, filateur à Roubaix.
Verstraete, Jules, fabricant de fils retors à Lille.
Wallaert, Achille, fabricant de sucre et filateur, à Lille.

L'installation du Comité a eu lieu le 20 juin 1854, par M. Besson, Préfet du Nord. Dans cette séance, le bureau a été constitué de la manière suivante :

Président,   MM. Mimerel.
Vice-Président,   J. Lefebvre.
Rapporteur,   F. Kuhlmann.
Secrétaire,   A. Lamy.

Avant de se séparer, les Membres du Comité se sont entendus pour engager, par tous les moyens d'action dont ils pouvaient disposer, MM. les industriels à prendre part à un concours où la prépondérance agricole et manufacturière de l'arrondissement, l'un des plus riches et des plus industrieux de France, est appelée à recevoir une nouvelle et éclatante consécration.

Dans une réunion suivante, le Comité s'est partagé en cinq sections distinctes, qui ont nommé leur bureau et se sont ainsi trouvé composées :

1. — *Section d'Agriculture*, MM. Des Rotours, Président.
   J. Lefebvre, Vice-Président.
   Loiset, Secrétaire.

MM. Cazeneuve.	MM. Pommeret.	MM. Legentil-Sorain.
Capelle.	Demesmay.	Lallemant.
Beaucarne.	Leroy.	Desmoutiers.
Desquiens.	Lecat-Butin.	

II. — *Section des Arts chimiques*, MM. F. Kuhlmann, Président.
Bère, Secrétaire, remplacé dans le cours des travaux par M. Lamy.

MM. H. Bernard.	MM. Tilloy-Casteleyn.	MM. Roussel de Livry.
L. Bernard.	Demesmay.	Lamy.
T. Lefebvre.		

III. — *Section des Arts mécaniques*, MM. A. Wallaert, Président.
G. Delesalle, Secrétaire.

MM. Legavrian.	MM. H. Delattre.	MM. Charié.
Scrive-Bigo.	Kuhlmann.	Lamy.
Bère.		

IV. — *Section des fils et tissus*, MM. Roussel-Dazin, Président.
Machu, Vice-Président.
E. Delesalle, Secrétaire.

MM. Charvet.	MM. H. Delattre.	MM. Leroux-Leplat.
Cox.	L. Crespel.	Leurent, Jules.
Al. Descamps.	Degrimonpont.	Constantin Descat.
Descat-Leleux.	G. Delesallé.	L. Eeckmann.
Loyer.	Ach. Wallaert.	Grimonprez-Bossut.
Scrive-Bigo.	Bouchart-Florin.	Piat.
Soyer-Vasseur.	Delobelle-Wattine.	Roussel-Dazin.
J. Verstraete.	Fr. Destombes.	A. Vernier.
Masurel.	Jonglez-Wattel.	Catteau-Lauwick.
Réquillart.	Jourdain-Defontaine.	Lorthiois-Desplanques.
Boissière.	Laloi.	Mahieu-Delangre.
H. Bossut.	Lemaitre.	Duvillier.
P. Defrenne.		

V. — *Section des Beaux-Arts et objets divers*, MM. Charié, Président.
Benvignat, Secrétaire.

MM. Bruneel.	MM. Fr. Destombes.	MM. Réquillart.
Marteau.	Descat.	Reynart-Lesage.
Herlin.		

A aucune des Expositions précédentes, il ne s'est présenté, dans l'arrondissement, un nombre aussi considérable de concurrents. En 1844, le département ne comptait que 120 exposants. En 1849, ce nombre s'était élevé à 135, et l'arrondissement de Lille n'y figurait que pour 82.

A la suite des démarches faites par les membres du Comité, la liste des inscriptions, pour l'Exposition actuelle, s'est promptement élevée au chiffre de 350 exposants.

Un tel résultat n'a pas tardé à amener, pour le Comité, de sérieuses difficultés. L'emplacement réclamé par les agriculteurs et manufacturiers inscrits s'élevait à 2,700 mètres carrés, et une décision de la Commission impériale avait fixé à 400 mètres carrés la surface attribuée à tout l'arrondissement. Menacé de voir le nombre d'exposants diminuer, à raison de l'exiguité des locaux mis à leur disposition, le Comité s'est empressé de solliciter, auprès de la Commission impériale, une augmentation de surface, en faisant ressortir moins encore le nombre des exposants que l'importance et la valeur considérables de la production tant agricole que manufacturière de l'arrondissement.

Cédant aux instances du Comité, la Commission impériale a consenti à augmenter la surface primitivement accordée, mais dans une proportion relativement si faible, que le Comité s'est vu dans l'obligation de restreindre beaucoup les emplacements demandés, s'exposant ainsi à mécontenter ou à éloigner un grand nombre d'industriels inscrits.

Ce dernier résultat s'est malheureusement produit, au grand regret du Comité, et le nombre des exposants s'est trouvé finalement réduit à 201.

Il s'est réparti, dans les cinq sections, de la manière suivante :

Pour la section d'Agriculture . . . . 19 exposants.
Pour la section des Arts chimiques . . . . 28 exposants.
Pour la section des Arts mécaniques . . . . 31 exposants.
Pour la section des fils et tissus, divisée en trois sous-sections,
   Lille, Roubaix, Tourcoing . . . . 108 exposants.
Pour la section des Beaux-Arts et objets divers. . . . . 15 exposants.

Le Comité ayant décidé que chaque section présenterait un rapport spécial a tenu plusieurs séances générales pour entendre, discuter et adopter chacun de ces rapports.

RAPPORT DE LA SECTION D'AGRICULTURE.

(M. LOISET, Rapporteur).

AGACHE, Jean-François, à Hem.
Tuyaux de drainage.

M. Agache a secondé le plus grand progrès agricole des temps modernes, celui de l'asséchement des terres humides, en confectionnant avec une excellente machine importée d'Angleterre, des drains qu'il livre à bon marché.

Une médaille de bronze lui a été accordée à l'exposition agricole départementale de 1854.

BILLAU, Félix, cultivateur, à Wicres.
Tabac, 5 manoques.

Les produits de ce planteur sont très-estimés de l'administration des tabacs qui les classe constamment à un rang très-élevé.

Médaille d'argent à la dernière exposition départementale.

BRAQUAVAL, Philippe, fermier, à Hem.
Lins bruts et teillés.

Il est une des notabilités de notre agriculture locale et se fait remarquer par ses succès dans la culture linière qui lui ont mérité, lors de la dernière exposition départementale, une médaille d'argent grand module, comme second prix.

COUSIN-POLLET, Joseph, cultivateur, à Lambersart.

Lins bruts, trois échantillons dont deux obtenus du lin à fleurs bleues et un du lin à fleurs blanches.

L'une des notabilités pratiques qui soutiennent le plus dignement l'antique réputation de l'agriculture flamande, M. Cousin-Pollet se distingue par la supériorité de toutes les sortes de produits obtenus de son exploitation, d'une contenance totale de quarante hectares ; comme éleveur et engraisseur il s'est montré et se maintient au premier rang ; il ne possède pas moins d'habileté dans tous les genres de culture. Les lins qu'il expose sont les produits comparatifs d'expériences en grand qui intéressent tout à la fois l'agriculture et l'industrie ; ils ont été obtenus sur cinq hectares ; deux ensemencés en graine de lin à fleurs bleues ,. venues directement de *Riga*, deux autres, avec la même graine récoltée une première fois sur le sol de l'exploitation ; enfin, le dernier hectare avec de la graine de lin à fleurs blanches, de la provenance des environs de Béthune.

Cette dernière variété, très-récemment introduite dans la culture de l'arrondissement de Lille, est fort vigoureuse, résiste *à la verse* et à la maladie spéciale au lin ; elle atteint à une hauteur moindre que la variété à fleurs bleues, mais elle fournit beaucoup plus de graines, de meilleure qualité et jouissant à un plus haut degré de la faculté de reproduction ; ses produits en tiges filamenteuses sont aussi plus abondants et la proportion de sa filasse, comme sa finesse, son soyeux et sa ténacité, lui sont comparativement supérieurs.

Ce qui augmente l'importance des essais faits par M. Cousin-Pollet, c'est que la culture du lin à fleurs bleues, exclusivement admise jusqu'ici dans les assolements du département du Nord, nous rend tributaires de la Russie pour les semences destinées à en assurer la réussite, et que l'état de guerre dans lequel nous sommes avec cette puissance, venant à se prolonger, il en résulterait de grandes perturbations dans notre production linière, si le lin à fleurs blanches, naturalisé depuis un temps immémorial dans une partie de l'Artois, où il se maintient sans dégénérer avec la seule attention de le faire changer chaque année de sol, ne venait parer à une éventualité plus fâcheuse pour l'industrie qu'elle ne pourrait l'être pour l'agriculture.

Le succès de ce cultivateur paraît donc à lui seul devoir le recommander au jury central. Il lui a déjà été décerné : l'exposition départementale de septembre dernier, comme premier prix des lins bruts, une grande médaille en vermeil.

DELAHOUSSE, Désiré, et C.ie, taillandiers, à Roncq.
Instruments de drainage. — Douze pièces.

Une industrie nouvelle, celle de la confection en grand de taillants, a été importée depuis deux ans, dans le Nord, par M. DELAHOUSSE. Ses ateliers sont mus par une machine à vapeur de la force de 12 chevaux : des martinets y sont annexés, et 25 ouvriers y fabriquent des produits justement estimés, dont le prix minimum est de 1 fr. 50, et celui maximum de 4 fr. Ses instruments à drainer sont particulièrement appréciés et ont contribué à la propagation dans le pays, de la méthode du drainage. Cet industriel a été encouragé à l'exposition départementale de Lille, par une médaille d'argent, récompense qu'il justifiera, sans aucun doute, par son exhibition à l'exposition universelle.

DELATTRE-DEVILLE, à ROUBAIX.
Baratte à préparer le beurre.

DESREUX, L.-J., ouvrier tisserand, à TEMPLEUVE.
Graine de betteraves à sucre.

L'un des plus remarquables exemples de l'alliance si fréquente, dans le département du Nord, de l'industrie avec l'agriculture, réside en M. DESREUX, qui, simple ouvrier tisserand, cultive un seul hectare, consacré exclusivement à la production de la graine de betteraves de semence, par une méthode nouvelle de son invention et qui consiste à choisir dans un champ de betteraves à sucre, cent belles plantes, à peau lisse, n'offrant pas de racines bifurquées, ayant un collet rétréci et ne faisant pas de saillie hors de terre. Ces betteraves, récoltées avec soin, sont replantées à l'instant même dans un carré de jardin d'un *are* et elles sont préservées de la gelée et de l'humidité par une couverture de paille et par de profondes rigoles sur le pourtour du carré. Ces cent plantes, bien palissées au printemps, fournissent beaucoup plus de graines qu'il n'en faut pour ensemencer un hectare.

Septembre arrivant, et la graine récoltée, l'hectare destiné à fournir de la graine pour le commerce est ensemencé : la levée a lieu au commencement d'octobre, et quand l'hiver est arrivé, les plantes ont quatre à six feuilles et sont bien garnies de racines; dans cet état elles résistent parfaitement aux hivers rigoureux, tandis que les moindres gelées font périr les grosses betteraves : arrivées au printemps, elles semblent chétives, mais quelques semaines d'un temps doux suffisent pour leur donner de la vigueur et elles ne tardent pas à avoir une végétation fort supérieure à celle des *porte-graines* replantées après l'hiver, qui sont longtemps avant de former des racines.

Les petites betteraves sont *espacées* et sarclées aussitôt que l'état du sol permet de leur donner ces cultures. Dans un bon terrain elles fournissent un produit en graine qui peut s'élever à 4,000 kil. et la graine est plus égale en grosseur et en maturité que celle qu'on retire par les procédés ordinaires.

La graine obtenue par la *méthode Desreux* n'expose pas à produire une dégénérescence de l'espèce ; elle provient de sujets parfaitement choisis, qui n'ont pu éprouver d'altération par la conservation en silos, et rien ne peut faire craindre qu'elle ramène la plante à l'état sauvage, ce que produira sans doute le procédé usuel de culture, si on continue à le pratiquer.

La méthode nouvelle est d'ailleurs fort économique, occasionne moins de frais et réclame moitié moins de terre que celle ancienne, car elle supprime la déplantation, la replantation, et réduit à une année le séjour de la betterave sur le sol.

Les plus honorables attestations viennent appuyer les avantages du système précédent, qui s'est généralisé dans toute la localité, où plus de cinquante familles s'occupent de la production de la semence de betterave. A la dernière exposition départementale de Lille, en septembre dernier, elle a mérité à son auteur, une médaille en argent, grand module, qui recommande l'intelligent et laborieux ouvrier campagnard à la juste et bienveillante appréciation du jury de l'exposition universelle.

DUMORTIER, Louis, fabricant et marchand de lin, à BOUSBECQUES.
Trois bottes de lin teillé.

DUPONT, cultivateur, à Pont-a-Marcq.

Graines, tiges, filasse et autres produits obtenus du mélilot de Sibérie. *(Bokara clover, trèfle de Bokara.)*

Cet intelligent cultivateur poursuit avec persévérance la pensée d'utiliser dans les arts industriels les fibres textiles du mélilot de Sibérie, cultivé exclusivement jusqu'ici comme plante fourragère. Déjà il est parvenu à des résultats qui permettent de croire que le problème n'est pas insoluble, et il a reçu, comme encouragement, une médaille d'argent à la dernière exposition agricole départementale.

HENNEBELLE, Augustin, père, cultivateur, à Moulins-Lille.

Quatre ruches, deux verticales à divisions obliques et deux obliques à divisions verticales.

C'est un ingénieux apiculteur, qui a introduit dans l'art d'élever les abeilles, une série de perfectionnements en vue toute pratique de l'abondance et de la qualité de leurs produits. Ses travaux ont déjà été récompensés à l'exposition départementale de 1854, par une médaille d'argent.

HENNEBELLE, Jean-Baptiste-Désiré, fils, cultivateur, à Moulins-Lille.

Deux ruches à tablier incliné.

HOUYET aîné et C.ie, fabricants d'orges mondés, perlés, et de riz décortiqué, à Marcq-en-Barœul.

Un appareil à orge.
Cinq échantillons d'orges mondés et perlés.
Un appareil à décortiquer le riz.
Quatre échantillons de riz décortiqué.
Trois échantillons de semoule de blé.
Amidon de première qualité.

La maison Houyet aîné et C.ie a débuté à Lille en 1843, puis elle a créé en 1847 un vaste établissement à Marcq-en-Barœul, possédant dix paires de meules à blé, douze appareils à orges et à riz, mus par une machine à vapeur de la force de 50 chevaux et 18 cuves d'amidonnerie; l'importance de ses opérations dépasse annuellement un million et demi de francs.

Son principal titre, auprès du jury central, consiste dans l'affranchissement, par l'effet de ses machines brevetées, du tribut payé par la France à l'industrie hollandaise pour les orges perlés.

Les céréales indigènes préparées dans cette usine égalent annuellement. . . . .   1,000,000 de kilog.
Donnant en orge perlé. . . .   350,000
Et laissant en déchets. . . .   650,000

Une autre conquête non moins précieuse est réalisée en ce moment, par MM. Houyet et Cie, c'est celle de le décortication du riz dont de nombreuses cargaisons viennent directement depuis deux ans, de l'Inde, pour avant de passer à la consommation, se faire dépouiller et approprier dans l'usine de Marcq. Le pelage et le glaçage du riz s'opère sur 6,000 balles et laissent 100,000 kil. de résidus. L'emploi des déchets est consommé sur place, au profit de la production de la viande de l'espèce porcine ; il donne ainsi une nouvelle preuve des avantages de l'alliance de l'industrie avec l'agriculture.

A l'exposition agricole départementale, MM. Houyet aîné et Cie, ont obtenu une médaille en vermeil pour leur appareil à décortiquer l'orge et le riz.

Dans les concours régionaux d'animaux de boucherie et dans ceux départementaux d'animaux reproducteurs, leur habileté dans l'industrie du bétail leur a fait décerner diverses primes et médailles.

M. KINDT, Henri, cultivateur, à FIVES.

Une gerbe de blé.
Une botte de colza.
Une botte de lin.

M. KINDT a pris rang parmi les meilleurs praticiens de l'art agricole, et il a obtenu plusieurs distinctions honorables dans les concours départementaux.

LECAT-BUTIN, cultivateur, à BONDUES.

Lins : lin brut égréné, récolte de 1853, variété à fleurs bleues.
— roui.
— teillé.
— peigné.

Lin brut égréné, variété à fleurs blanches.
— roui.
— teillé.
— peigné.
Lin brut égréné, récolte de 1854, variété à fleurs bleues.
Graine de lin : Graine dite *de tonne*, de provenance russe (variété à fleurs bleues).
— Graine dite *après tonne* (la même que ci-dessus, mais après une première récolte dans le pays.)
— Graine de lin à fleurs blanches.
Tabacs : Six manoques.
— Graine.
Blés : Vingt-neuf variétés cultivées comparativement (récolte de 1854).

M. LECAT-BUTIN est un cultivateur hors ligne, qui a rendu de nombreux et importants services à l'agriculture ; l'énumération et l'appréciation de ses titres seront faites plus loin.

LEZIE, Césaire, cultivateur, à WICRES.
Tabac, cinq manoques.

Planteur soigneux, toujours bien classé par la régie et qui a obtenu une médaille d'argent à l'exposition départementale de 1854.

MARQUANT, Jean-Baptiste, de GONDECOURT.
Botte d'œillette avec sa graine.
Tabac, douze manoques.

Les cultures commerciales possèdent dans M. MARQUANT l'un des meilleurs praticiens du pays. Il lui a été décerné à la dernière exposition agricole départementale, une médaille de vermeil pour ses tabacs, et une médaille d'argent pour ses pavots oléifères.

OLIVIER-CAZIER, cultivateur, à BERSÉE.
Graines de betteraves à sucre.

Ces graines se recommandent comme appartenant à une variété à peau fine, s'enfonçant profondément dans le sol, sans bifurcation et se couronnant d'un bouquet de feuilles d'un faible développement, qui permet l'aération et l'insolation de la terre.

PRUVOST, Augustin, fabricant d'instruments aratoires, à WAZEMMES.
Semoirs mécaniques.

C'est un des vieux athlètes des concours agricoles et industriels où ses idées ingénieuses ont eu de constants succès. On ne saurait mieux faire apprécier ce constructeur, qu'en reproduisant ici la partie du rapport de 1849 qui le concerne et qui conserve encore à présent une complète actualité.

« Le jury départemental signale, dit le rapporteur, les efforts constants faits par le sieur PRUVOST, pour perfectionner les instruments aratoires. Ces efforts ont été souvent couronnés de succès, ainsi que le constatent les nombreuses médailles et primes qui lui ont été décernées par la Société des Sciences, de l'Agriculture et des Arts de Lille. Le semoir qu'il destine à l'exposition a été adopté dans un très-grand nombre de nos fermes, où il rend d'excellents services, et il a puissamment contribué à répandre l'usage du semis en ligne dans nos contrées. PRUVOST est un modeste industriel qui, sorti du rang des ouvriers, a su se créer une honnête aisance à force de persévérance et de labeur. Le jury départemental le signale à toute la bienveillance du jury central. Récompenser le sieur PRUVOST, c'est donner ouverture à quelque nouveau progrès. »

L'exposition nationale de 1849 lui a valu depuis ce rapport une médaille de bronze, et celle départementale de 1854, la même récompense.

QUIRET, Louis, charron, à BOISGRENIER.
Charrue-semoir.

Il est inventeur d'un appareil simple, d'un prix modique et qui s'adapte à la charrue pour l'ensemencement des fèves. L'empressement mis par les cultivateurs, dans l'adoption de cet instrument, les éloges unanimes qu'ils lui accordent, sont les meilleures recommandations que le sieur QUIRET puisse avoir auprès du jury central.

RAPPORT DE LA SECTION DES ARTS CHIMIQUES.

(M. LAMY, Rapporteur.)

APPENDRIES fils, fabricant, à TOURCOING.
Huit bocaux renfermant diverses espèces d'huiles et de graisses.

Le bocal N.° 3 contient de l'huile de beurre, nouvellement employée en France, et qui paraît supérieure à l'huile d'olive pour le graissage des laines dans le peignage mécanique.

Les bocaux N.°ˢ 4 et 5 renferment l'huile la plus importante par sa supériorité pour le graissage des laines ; de notables améliorations viennent d'être introduites dans sa fabrication, comme dans sa composition (acide oléique, soude et quatre fois son poids d'eau), et de nombreuses attestations fournies par divers fabricants de Reims, Sedan, Elbeuf, Tourcoing, etc., prouvent toute la valeur de ce nouveau produit.

PH. BERIOT et FILS, à MOULINS-LILLE.
Chicorée et vernis.
33 ouvriers, 265,000 francs annuellement de chicorée et 46,000 francs de vernis.

L'importance de la fabrication se tire principalement du chiffre des exportations

BERNARD frères, à Lille.

Alcools et sucre de betteraves.

350 ouvriers, 7,000,000 francs.

Médaille d'argent 1849.

La nature et l'importance de la fabrication de ces honorables industriels ne sauraient être appréciées complètement sur quelques beaux échantillons de sucre ou d'alcool. Pour mieux comprendre les efforts et les succès de MM. BERNARD dans le développement du travail national, le jury central devra prendre en considération le nombre et l'importance des exploitations suivantes :

1.º A Lille, deux raffineries de sucre mettant en œuvre chaque année cinq millions de kilog. de sucres bruts.

2.º A Santes (arrondissement de Lille), une fabrique et raffinerie de sucre, affectée depuis la dernière campagne (1854-55) à l'usage de distillerie, mettant en œuvre annuellement 10 à 12 millions de kilog. de betteraves.

3.º A Seclin (arrondissement de Lille), 1/3 indivis dans deux distilleries, ayant mis en œuvre dans la dernière campagne 15 millions de kilog. de betteraves.

4.º A Pont-à-Marcq (arrondissement de Lille), 1/6 indivis dans une distillerie ayant mis en œuvre 10 millions de kilog. de betteraves.

5.º A Courrières (Pas-de-Calais), 1/3 indivis dans un établissement formé à l'origine pour extraire le sucre de la mélasse par le procédé barytique qui y a reçu son application en grand, et transformé depuis en une distillerie de betteraves, ayant mis en œuvre, dans la dernière campagne, 22 millions de kilog. de racines.

6.º A Avion (Pas-de-Calais), 1/9 indivis dans une distillerie ayant mis en œuvre 11 millions de kilog. de betteraves.

7.º Au Roger, commune de Thenay, arrondissement de Blois :

A. Une petite distillerie de betteraves annexée à une exploitation agricole, entretenant 100 bœufs à l'engrais qui consomment *tous* les résidus de la betterave, tant pulpes que *vinasses*.

B. Une fabrique d'orge perlé.

8.° A Plagny, commune de Challuy, arrondissement de Nevers :

Une usine consistant en sucrerie, raffinerie et distillerie pouvant mettre en œuvre chaque jour 150,000 kilog. de betteraves et 8,000 kilog. de sucre brut.

Cette usine, dont la société Bernard Frères possède la moitié, est exploitée sous la raison : Bernard Frères, Harpignies, Lequine et Cie

BIGO-TILLOY, fabricant de sucre et distillateur, à Esquermes.

250 ouvriers, 900,000 francs.

Produits remarquables par la perfection de leur qualité, et obtenus par les procédés les plus économiques et les plus nouveaux connus jusqu'à ce jour.

Importance de la fabrication en vingt-quatre heures :

90,000 kilog. de betteraves transformées en sucre ;
70,000   id.   id.   alcool ;

représentant la production moyenne de 4 hectares par journée de travail. Il reste, de plus, 35,000 kilog. de pulpe pour l'alimentation moyenne de mille bêtes à cornes, et 2,000 kilog. de mélasse venant du sucre et convertis en alcool.

BONZEL Frères, à Haubourdin.

Céruse et bleu d'outre-mer.

72 ouvriers, 600,000 francs.

BONZEL et HOURRIEZ, à Haubourdin.

Chicorée de diverses qualités.

80 ouvriers, 350,000 francs.

CHAPUS et RICHTER, fabricants de bleu d'outremer, à WAZEMMES.

30 ouvriers, 200,000 francs.

Qualités supérieures d'outremer que nous recommandons au jury central :

1.° Pour la variété et la beauté de leurs nuances ;
2.° Pour leur richesse en matière colorante ;
3.° Pour leur résistance et leur conservation dans leur mélange avec l'alun ;
4.° Enfin pour la modicité de leurs prix.

DEBAILLEUX, Augustin, à LILLE, fabricant de tablettes de sucre pur, remplaçant économiquement les sucres candis et blancs.

3 ouvriers, 115,000 francs.

Cette fabrication, qui date de peu d'années, a pris rapidement une grande importance, à raison de l'économie qu'elle offre aux consommateurs (1 f. 30 c. le k.) M. DEBAILLEUX se recommande à l'attention du jury central par les perfectionnements qu'il a apportés à sa fabrication et surtout par le soin consciencieux qu'il met à ne livrer à la consommation que des produits purs, sans falsification aucune.

ED. DEFONTAINE et C.ie, à MARQUETTE lez-Lille.

30 ouvriers, 470,000 francs.

Médaille de bronze en 1844. — Médaille d'argent en 1849.

La fondation de la fabrique de MM. DEFONTAINE (1837) a donné un grand essor à la culture de la pomme de terre dans le Nord et le Pas-de-Calais. Elle a doté ces deux départements d'une industrie nouvelle et fourni de nouvelles ressources pour l'alimentation des bestiaux. Ses progrès ont été rapides au point de râper en une campagne 3 millions de kilog. de pommes de terre, produisant 500,000 kilog. de fécule de première qualité.

A cette féculerie a été annexée une fabrique de glucose, la première et la seule fondée dans le département du Nord. Grâces au travail persévérant et aux intelligents efforts de MM. Defontaine, ces deux genres de fabrication se sont constamment soutenus en voie de progrès, malgré la maladie qui a frappé la pomme de terre. Ces habiles fabricants exposent :

1.° De la fécule blutée, première qualité ;
2.° De la fécule en grumaux ou non blutée, première qualité ;
3.° De la glucose ou sirop de fécule massé, aussi première qualité.

DELEPLANQUE, Jules, d'Esquermes.
5 ouvriers, 65,000 francs.

Expose des colles fortes dont l'aspect comme le bon marché témoignent des importants progrès que ce fabricant a fait faire à une industrie qui semble être restée jusqu'ici le privilége d'une autre localité.

DELVAL, Victor, fabricant de colles fortes, à Marquette lez-Lille.
7 ouvriers, 100,000 francs.

Colles de bonnes qualités, grâce à la nature des matières premières et aux perfectionnements récents apportés dans la fabrication.

DEWALEYNE frères, fabricants de colle et gélatine, à La Madeleine.
20 ouvriers, 80,000 francs.

Nombreuses variétés de colles, les unes dites façon Hollande et façon Cologne pour l'ébénisterie, la fabrication des pianos, la marquetterie ; les autres, pour l'ornementation. Ces dernières méritent une attention sérieuse, en ce qu'elles peuvent servir comme ornements, et qu'elles se prêtent facilement à la sculpture.

DUCHAUFOUR-PERIN, fabricant de plomb laminé, à Lille.
14 ouvriers, 540,000 francs.

Un tuyau de plomb, remarquable par la qualité du métal, la régularité d'épaisseur de ses parois, et surtout par sa grande longueur (310 m.)

Il est facile de produire des tuyaux plus longs, mais avec des reprises plus ou moins rapprochées qui donnent souvent lieu à des solutions de continuité dans la paroi. Le tuyau de M. Duchaufour est d'un seul jet, sans aucune reprise.

FAURE, Louis, fabricant de céruse, à Wazemmes.
ouvriers, 600,000 francs.
Médaille de bronze en 1827 et en 1849.

Expose de la céruse en poudre, en pain et en écailles, remarquable par sa grande densité. La grosseur et la beauté non commune des écailles méritent de fixer l'attention du Jury central.

FRANÇOIS-GREGOIRE, à Haubourdin.
20 ouvriers, 970,000 francs.

Une distillerie agricole de seigle et d'orge, montée avec intelligence, donne, selon ce fabricant, d'abord de l'alcool constamment de bon goût, ensuite de la nourriture pour 600 bêtes à cornes, avec une économie d'alimentation que ne peuvent fournir les autres systèmes suivis aujourd'hui.

HENNEBUTTE et C.ie, à Esquermes, lez-Lille.
Gomme copal, soluble, et vernis bruts.

L'état de solubilité dans lequel MM. Hennebutte et Cie. ont obtenu cette gomme, constitue une véritable invention industrielle, présentant, selon les inventeurs, les avantages suivants :

1.º Disparition de toute mauvaise odeur et des dangers d'incendie ;
2.º Economie dans les matières premières ;
3.º Supériorité incontestable des vernis faits au bain-marie sur les vernis faits au matras ;
4.º Enfin, succès assuré dans les cuites.

HUMBERT-LERVILLE, fabricant de chicorée, à Lille.

M. Humbert-Lerville se recommande à l'attention du Jury, non seulement par la beauté de ses produits, mais encore par un perfectionnement notable apporté à leur fabrication, savoir la préparation de la chicorée en semoule ou en petits grains, imitant grossièrement le café. La qualité exceptionnelle de ces produits est due surtout à l'action de moyens mécaniques que M. Humbert-Lerville a imaginés, et sans lesquels, jusqu'à présent, les autres fabricants ne peuvent que difficilement soutenir la concurrence.

J. JOSSON et HOURRIEZ-BONZEL, à Haubourdin.

Pannes et tuiles.

42 ouvriers, 150,000 francs.

KUHLMANN, Charles-Frédéric.

450 ouvriers, 2,500,000 francs.

Médaille d'argent en 1839. — Médaille d'or en 1844. — Nouvelle médaille d'or en 1849. — Prize médaille à l'exposition de Londres.

M. Kuhlmann expose des produits chimiques et de nombreux spécimens de durcissement par le silicate de potasse, de pierres calcaires poreuses, avec application à la conservation des monuments, à la typographie, à la peinture sur verre, sur bois, sur étoffes, sans vernis, essence ou colle.

Mais M. KUHLMANN, étant membre du Jury central, a déclaré vouloir être placé en dehors du concours, laissant au Jury l'appréciation de la valeur des applications dont il est l'auteur. Respectant la volonté de M. KUHLMANN, nous croyons ne pas devoir nous étendre davantage sur l'importance de ses inventions.

LEFEBVRE, Théodore, et C.ie, fabricants de céruse, à MOULINS-LILLE.

110 ouvriers, 1,200,000 francs.

Médaille d'argent en 1827, 1834, 1839. — Médaille d'or en 1844. — Rappel en 1849. — Prize médal à l'exposition de Londres de 1851.

La beauté et la réputation des produits de cet industriel, aussi bien que ses efforts pour diminuer l'insalubrité de sa fabrication, ont été récompensés par de nombreuses distinctions dont il a été honoré depuis 1827 jusqu'à 1851. Les produits qu'il expose aujourd'hui sont, de tout point, dignes de la réputation dont ils jouissent.

T. LEPAN, fabricant de plomb laminé, à LILLE.

12 ouvriers, 450,000 francs.

L'exposition de M. LEPAN est remarquable par la variété et la nouveauté des produits. Nous en donnerons une idée par l'énumération suivante :

Plomb : 1.° Tuyau 1260 mètres de longueur sur 3 millimètres d'intérieur à 1 d'épaisseur, pesant 233 kil.

2.° Tuyau de 35 mètres sur 20 millimètres à 1 d'épaisseur, pesant 21 kil.

3.° Tuyau de 35 mètres, forme triangulaire, 15 millimètres de surface intérieure, pesant 33 kil.

4.° Tuyau de 10 mètres 70 centimètres de longueur, à deux ouvertures, pesant 87 kil. Produit nouveau et important pour les forages de puits artésiens dont l'orifice ne permet pas d'introduire deux tuyaux.

5.° Plomb laminé : 5 mètres 75 de longueur sur 2 mètres 20 de largeur à 1/3 de millimètre d'épaisseur, pesant 46 kilog. Produit remarquable par ses grandes dimensions et sa faible épaisseur. Il est employé pour linceul dans quelques pays.

6.° 11 mètres de longueur sur 2 mètres 60 de largeur à 3 millimètres d'épaisseur. Important par ses grandes dimensions.

7.° Repoussé en feuillet de 12 centimètres de largeur à 1 et 2 millimètres d'épaisseur. Produit nouveau obtenu avec la *presse*, d'après le système des tuyaux et sans laminoirs.

Etain : 8.° Tuyau de 700 mètres sur 6 millimètres d'intérieur à 1 1/2 d'épaisseur. Ce produit est important par sa longueur et sa perfection.

9.° Tuyau de 11 mètres 50 sur 55 millimètres d'intérieur à 3 d'épaisseur.

10.° Etain laminé : 6 mètres 20 de longueur sur 2 mètres 20 à 5/8 de millimètre d'épaisseur, pesant 74 k. Produit nouveau comme dimensions, remplaçant le ferblanc, à 1 mill. d'épaisseur et au-dessus; 360 fr. des 100 k.

LESSENS frères, négociants, à Saint-André lez-Lille.

15 ouvriers, 200,000 francs.

MM. Lessens frères présentent la série à peu près complète des produits chimiques dont l'acide acétique est le point de départ ou l'élément principal.

LUTUN fils, Teinturier, à Wazemmes.

40 ouvriers, 160,000 francs.

Carte d'échantillons de 500 couleurs différentes, sur fils de lin et d'étoupes, remarquables par l'uniformité et la vivacité des nuances. Aucun apprêt dans ces produits.

P. MARCHAND frères, à Marcq-en-Baroeul.

Huiles et savons, façon Marseille et Gênes.

50 ouvriers, 150,000 francs huiles, 700,000 francs savons.

C'est avec des huiles de graines indigènes et de la soude fabriquée dans la localité que MM. Marchand sont parvenus, après de nombreux efforts et de longs tâtonnements, à préparer des savons qui ne doivent rien sous le rapport de la qualité et du prix au savon Marseillais. Le grand avantage de cette fabrication, unique dans le département du Nord, c'est d'abord de fournir à l'industrie des produits à 10 pour cent au-dessous des produits similaires de Marseille, et ensuite de suffire constamment et largement à ses besoins. Cette fabrication qui, au début, produisait 3,000 kilog. par semaine, est arrivée progressivement à fournir 25,000 kilog. dans le même temps.

MULLIER-LAURENT, J.-B., à Esquermes.

Colles parfaitement bien clarifiées et livrées au commerce à 10 et 12 pour cent au-dessous du prix des colles de Givet.

POELMANN, Isidore, Fabricant de Céruse, à Moulins-Lille.

35 ouvriers, 600,000 francs.

Médaille d'argent en 1849.

M. Poelmann est un de nos fabricants de céruse qui ont apporté le plus d'améliorations à la fabrication de ce dangereux produit. Il a imaginé un appareil mécanique pour séparer le blanc du plomb, en supprimant le décapage à la main. Sa fabrication et les progrès qu'il lui a fait faire ont été appréciés dans divers rapports favorables de la Société des Sciences de Lille et de la Société d'encouragement.

ROUSSEL DE LIVRY, à Tourcoing.

Savons mous, verts, noirs et jaunes.

12 ouvriers, 500,000 francs.

Mention honorable en 1849.

La qualité de ces produits pour le dégraissage des laines et leur bon marché, en ont accru rapidement la consommation et devront fixer particulièrement l'attention du Jury.

TRIBOUILLET fils, A. et J., et Cie, à Tourcoing.

Graisses et huiles extraites des eaux grasses et savonneuses ayant servi au lavage des laines.

La beauté et la pureté relative de ces produits, témoignent suffisamment des nombreux perfectionnements que MM. Tribouillet et Cie. ont introduits dans leur fabrication.

RAPPORT DE LA SECTION DES ARTS MÉCANIQUES.

(M. Gustave DELESALLE, Rapporteur).

BAUDON-PORCHEZ, fondeur en fer et constructeur, à Lille.
Un calorifère.
Fourneau de cuisine pour grand établissement.
Diverses cheminées d'appartements de systèmes différents.
200 ouvriers, 300,000 francs.

Ce calorifère a un mérite incontestable. Les proportions de toutes ses parties, la construction du foyer intérieur formé de douves en fer battu qu'on remplace facilement, la bonne disposition des conduits de fumée et d'air chaud, en un mot, toute la combinaison de cet appareil, révèlent le génie de cet habile constructeur. Il paraît impossible d'utiliser mieux le calorique résultant d'une combustion très-minime.

Le fourneau de cuisine et les cheminées d'appartement, remarquables par la beauté des formes, la richesse des ornements et la perfection d'exécution, ont aussi le mérite d'appareils économiques savamment combinés.

Grâce à des efforts incessants, une intelligence et une activité hors ligne, des sacrifices continuels pour s'assurer la collaboration d'artistes distingués et d'ouvriers habiles, M. Baudon a créé à Lille un des établissements les plus considérables de France pour sa spécialité. Les travaux importants que lui ont confiés nos principaux industriels, l'administration municipale et départementale, les compagnies de chemins de fer du Nord, de Strasbourg, d'Orléans à Bordeaux, indiquent combien ses produits sont avantageusement appréciés.

BERNIER-DEGORGUE, Quincaillier, à Lille.
5 ouvriers, 5,000 francs.

M. Bernier-Degorgue expose une grande quantité d'objets de quincaillerie, tous inventés ou perfectionnés par lui. L'examen de ces produits indique de grands progrès dans cette industrie, et une rare intelligence chez leur auteur.

Il fait don au musée industriel de Lille de cette collection d'une assez grande valeur ; son désintéressement a, jusqu'aujourd'hui, trop peu d'imitateurs.

P. BOYER, à Lille.
Machine à vapeur oscillante à moyenne pression, de 18 chevaux. — 2 cylindres accouplés avec enveloppes.— Condenseur. — Pompe à air.
150 ouvriers, 450,000 francs.

La disposition de cette machine supprime le balancier et ses inconvénients, en conservant tout le mérite des bonnes machines qui justifient depuis 1820 la brillante réputation de M. Boyer. L'effet direct des pistons sur les manivelles, les frottements aussi réduits que le comporte la force de ce moteur et le conseille une prudente expérience ; toutes les pièces de fatigue ou de résistance, arbre principal, manivelles en fer de forge, tiges de piston en acier ; tels sont les principaux avantages de cette machine d'une construction admirable, qui donne une idée de la puissance et de la perfection de l'outillage de cet établissement.

M. Boyer, dont les produits paraissent pour la première fois à l'exposition, est un ingénieur d'une grande intelligence, qui occupe depuis longtemps le premier rang parmi nos constructeurs.

J.-A. CAPELLE, à Lille.
Cannelés pour coton et laine.
15 ouvriers, 40,000 francs.

Les essais de fabrication de cannelés en fer trempé ont bien réussi ; c'est une idée heureuse souvent reprise et abandonnée à cause des difficultés d'exécution qu'elle présente ; elle mérite des encouragements.

CLIQUENNOIS frères, à Moulins-Lille.
Un coupé. — Une calèche. — Un tilbury.
130 ouvriers. — Valeur des produits annuels, 300,000 francs.

Le coupé, très-élégant, remarquable par sa légèreté, est présenté comme échantillon des objets de luxe qui se fabriquent dans l'établissemeut.

La calèche, montée d'après un système nouveau, se distingue par sa douceur et son confortable.

Le tilbury, d'une légèreté peu commune, est établi sur un essieu d'invention nouvelle qui prévient l'enraiement des roues.

MM. Cliquennois Frères dirigent avec beaucoup d'intelligence l'établissement qu'ils ont créé et qui est le plus important du département.

DELPORTE, Pierre, dessinateur, à Roubaix.
Quadruple mécanique à la Jacquart.
Carnet d'échantillons.

Cette machine réduit considérablement la dépense qu'occasionnait la fabrication des échantillons. Elle diminue le nombre des cartons de 60 à 90 p. 100, est très-facile à soigner et permet de faire en peu de temps un très-grand nombre d'échantillons sur la même bande de tissu.

M. Delporte a déjà doté la fabrique de Roubaix de plusieurs perfectionnements ; ses efforts méritent d'être signalés.

DECOTTIGNIES, César, fondeur en fer, à Moulins-Lille.
Machine à teiller le lin et le chanvre.
40 ouvriers, 200,000 francs.

L'envoi à Paris de plans imparfaits a fait craindre le rejet de cette machine, qui n'est que la machine d'Écosse perfectionnée, simplifiée et beaucoup mieux disposée. Des trois qui sont présentées dans l'arrondissement de Lille, elle nous a paru la meilleure, pour la qualité et la quantité des produits.

DEWARLEZ-DELOS, à Lille.
> Cuisinière à fours mobiles.

La bonne disposition de cet appareil, peu coûteux, permet d'y cuire un grand nombre d'objets, malgré le peu d'espace qu'il occupe.

Le manque de temps a empêché M. Dewarlez d'exposer un four à cuire le pain à foyer mobile qui aurait mieux fait apprécier l'intelligence de cet industriel.

DUBRULLE fils, constructeur, à Tourcoing.
> Carde en coton.
> Construction soignée.
> 45 ouvriers, 100,000 francs.

DUBRULLE, César, à Roubaix.
> Rots en acier poli pour métiers à tisser.
> 12 ouvriers, 25,000 francs.

Les produits de cet industriel sont d'une bonne fabrication courante, et les plus estimés des tisserands de Roubaix.

DUEZ frères, constructeurs, à Fives.
> Chaudière tubulaire construite et perfectionnée d'après un système nouveau, inventé par M. Bère, ingénieur des mines.
> 32 ouvriers, 80,000 francs.

Le mérite de l'inventeur, sa position, l'intérêt qui s'attache à des perfectionnements de ce genre, ont engagé la Commission à demander à M. Bère des explications que nous avons cru devoir consigner dans ce rapport.

L'activité de la vaporisation dans les générateurs est plus grande sur les surfaces qui sont soumises à l'action directe du foyer et des flammes, que sur celles qui sont simplement chauffées par les gaz chauds et la fumée résultant de la combustion.

Si l'on empêche qu'il y ait mélange entre les masses d'eau placées sur ces deux surfaces, la température de la première, et par suite la tension de la vapeur qu'elle pourra développer, seront plus élevées que la température de la seconde et la tension de la vapeur correspondante.

Pour arriver à ce but, M. Bère place dans l'intérieur de la chaudière, à une certaine distance du foyer, une cloison dans toute la hauteur de l'appareil qui sépare complètement les deux parties de la chaudière; il les met en communication au moyen d'un tuyau partant de la surface supérieure de l'une et aboutissant à la partie inférieure de l'autre. La masse d'eau renfermée dans la partie postérieure de l'appareil est soumise à une tension supérieure à celle de la vapeur qu'elle renferme, et celle-ci ne peut se dégager : elle reste à l'état latent dans l'eau.

Tel est le principe sur lequel repose la disposition de cette chaudière.

En diminuant le réservoir de vapeur libre, cette combinaison augmente le volume d'eau renfermé dans les appareils et la surface de chauffe, puisque toutes les parties baignées par l'eau peuvent être chauffées par les produits de la combustion.

Moins de combustible, le volume des appareils et la quantité de vapeur à produire restant les mêmes, ou égale puissance avec des appareils moins coûteux et moins encombrants ; production plus rapide de la vapeur à une tension déterminée ; diminution des dépôts calcaires, dans les parties où leur formation présente des dangers ; tels sont les principaux avantages que ce système peut faire espérer.

Votre Commission a sincèrement félicité M. Bère d'une idée aussi heureuse et regrettant qu'il ait destiné à l'Exposition une chaudière tubulaire, système peu répandu dans nos manufactures, elle l'a engagé à solliciter de la Commission impériale l'autorisation d'exposer une seconde chaudière cylindrique, construite sur ses indications.

Le Comité recommande à toute l'attention du Jury central, ce progrès que nous ne signalons ici que sommairement.

MM. Duez, hommes intelligents, ont facilement compris et parfaitement exécuté les intentions de M. Bère. Leur établissement, de fondation récente, est digne d'encouragement.

DUJARDIN-COLLETTE, à Roubaix.

Peigneuse mécanique.

60 ouvriers, 400,000 francs.

L'invention de M. Dujardin-Collette a pour ainsi dire créé en France le peignage mécanique de la laine ; elle a donné l'idée de tous les perfectionnements qui ont contribué à développer cette belle industrie depuis plusieurs années.

Chauffer et graisser le peigne, charger la machine, peigner la matière, séparer la bonne laine de la blousse, enlever le déchet et nettoyer le peigne, telles sont les opérations que cette peigneuse exécute simultanément sans le secours de la main de l'homme. En triplant sur la même machine les moyens employés pour obtenir ce résultat, M Dujardin peut travailler en même temps trois espèces de laines différentes sans aucun mélange.

L'Exposition ne peut manquer de mettre en relief cette importante invention.

Votre Commission a regretté que des intérêts opposés aient empêché M. Derégnaucourt d'exposer cette machine considérablement perfectionnée.

FARINAUX, Isidore, à Lille.
Machine à vapeur horizontale de 25 chevaux, à détente variable et condensation.
180 ouvriers, 550,000 francs.
Médaille d'argent en 1849.

Cette machine présente une grande économie de matières et de frais d'établissement. Tous les efforts et résistances s'y exercent sur les massifs de fondation, par une disposition heureuse qui supprime beaucoup de frottements en conservant les avantages des machines ordinaires de Woolf, à balancier. Un mouvement très-ingénieux, commandé par la tige du régulateur, permet de distribuer convenablement la vapeur en réglant bien la détente, et augmente sensiblement la puissance et les avantages du régulateur Molinié. Ce moyen d'utiliser parfaitement la vapeur en maintenant toujours une marche régulière, la bonne disposition de la pompe à air à double effet avec condenseur séparé, sont les principaux perfectionnements apportés à cette machine. Plusieurs autres parties sont bien appropriées à leur destination sans avoir le caractère d'une invention.

La beauté des pièces de fonte et de forge, le bon ajustement de toutes les parties, attireront l'attention du Jury, et lui donneront une idée de la perfection du travail de cet établissement qui renferme tous les éléments de succès.

Les efforts constants et heureux que M. Farinaux a fait pour perfectionner les machines à vapeur l'ont constamment maintenu en tête du progrès et au premier rang de nos constructeurs.

FARINAUX, Auguste, constructeur, à Lille.
Machine à teiller lin et chanvre.
60 ouvriers, 200,000 francs.

La partie essentielle de cette machine se compose de deux cylindres en fer profondément cannelés. L'un, d'un assez fort diamètre, a un mouvement de rotation continu très-lent, l'autre, plus petit, tourne avec une grande vitesse et décrit en même temps autour du premier un mouvement de va et vient qui augmente considérablement leur action. C'est ce mouvement de va et vient qui constitue l'invention nouvelle et justifie la concession d'un brevet.

La commission regrette que des commandes très-importantes n'aient pas laissé à M. Farinaux le temps d'exposer d'autres machines de son invention, qui auraient fait honneur à l'industrie du pays.

HURTREL et C.ᵉ, à Moulins-Lille.
Un bâtiment complet avec tous les appareils, accessoires, dépendances nécessaires à une distillerie.
155 ouvriers, 800,000 francs.

Cette exposition nous a paru présenter un intérêt suffisant pour que l'admission pût en être prononcée sans contrevenir à l'esprit des prescriptions de la Commission impériale.

C'est l'ensemble d'un établissement de distillerie complet; bâtiments, machines et appareils économiques, reproduction exacte des moyens employés pour l'application simplifiée de la fabrication de l'alcool de betteraves à l'agriculture.

Ce spécimen ne suffit pas pour faire apprécier l'intelligence de MM. Hurtrel et C.ᵉ, l'importance de leur établissement et le mérite de leurs produits.

HARDING-COCKER, fabricant de peignes, à Lille.
75 ouvriers, 150,000 francs.
Médaille en bronze en 1844. — Médaille d'argent en 1849. — Prize medal à Londres en 1851.

M. Harding-Cocker expose une variété considérable de peignes en acier fondu, qui justifient pleinement les honorables distinctions qu'il a obtenues aux précédentes expositions.

Sa fabrication comprend tous les genres employés dans le peignage des matières textiles. Il a importé en France, en 1829, cette industrie éminemment utile, et a marqué depuis, chaque année, par des inventions ou perfectionnements nouveaux. Il n'a pas peu contribué au développement du peignage mécanique dans le pays.

Ses peignes hélicoïdes et circulaires, d'une seule pièce, attireront certainement l'attention du Jury.

LEGAVRIAN, Amédée, à Moulins-Lille.

Machine à vapeur à trois cylindres, à moyenne pression.

200 ouvriers, 600.000 fr.

Médaille d'argent en 1849.

La Commission a reconnu dans cette machine deux améliorations capitales : la régularité ou rondeur de marche, l'économie de matières dans la construction.

Par une disposition toute nouvelle qui donne à sa machine les avantages des machines jumelles, M. Legavrian utilise, par détente, dans deux plus grands cylindres, la vapeur qui a déjà produit son action dans le petit, en faisant pour cela marcher le piston du petit cylindre à une vitesse double de celle des pistons des deux grands, mis successivement en communication avec le premier.

Cette machine, basée sur le système de Woolf, utilise mieux la vapeur que les machines à deux cylindres, parce que, outre l'expansion du petit cylindre dans les grands, il y a encore une détente double dans chacun de ceux-ci, qui cessent de recevoir la vapeur dès que leur piston a parcouru la moitié de sa course.

En supposant que la vitesse de 2 mètres par seconde donnée au petit piston ne soit pas trop considérable, et ne fasse pas dépenser inutilement une partie de la vapeur employée, cette machine paraîtrait devoir donner une force effective égale à deux machines ordinaires de Woolf, puisque dans le même temps la vapeur agit un nombre de fois double dans le petit cylindre et aussi efficacement dans chacun des deux grands.

La disposition des manivelles est telle que deux pistons sont toujours en pleine force au moment où la manivelle du troisième passe son point mort; c'est ce qui explique la parfaite rondeur de ces machines.

La Commission a constaté que le régulateur hydraulique américain appliqué à cette machine permet les plus grandes variations, même instantanées, dans les résistances, sans que la marche s'accélère ou se ralentisse d'une manière appréciable.

En résumé, le système de M. LEGAVRIAN constitue un ensemble nouveau et satisfaisant, qui a déjà reçu de nombreuses applications et mérite de fixer l'attention du jury central.

L'instruction développée de M. LAGAVRIAN, l'esprit d'innovation qui lui fait adopter tous les perfectionnements au fur et à mesure de leur réalisation, ses études continuelles, la collaboration de son fils, élève distingué de l'école centrale, garantissent qu'il ne s'arrêtera pas dans la voie du progrès.

LEMESRE, frères, constructeurs, à ROUBAIX.
Machine à bobiner toute espèce de filés.
20 ouvriers, 60,000 francs.

Ce métier est très ingénieusement construit ; toutes les difficultés de détail sont vaincues, on y reconnaît l'œuvre d'habiles praticiens. Il est très répandu et produit mieux et en plus grande quantité que toutes les machines similaires. Tous les fabricants intelligents l'ont adopté.

LHOMME, Joseph, à LILLE.
Rubans de cardes pour laines, étoupes, coton et soie.
8 ouvriers, 40,000 francs.

La Commission a été frappée de la perfection de ces produits. — Seul en France M. LHOMME fabrique lui-même les dents pour toute espèce de cardes, grâce à une série de métiers très-ingénieux qu'il a inventés et construits lui-même.

M. LHOMME est un ouvrier intelligent et laborieux, qui a fait faire un grand pas à son industrie, et malgré les charges d'une nombreuse famille, a su améliorer sa position. Il mérite toute la bienveillance de la Commission impériale.

MINISCLOUX-HUART, à Lille.
   Tamis pour l'extraction du jus de betteraves.
   Toiles métalliques pour appareils centrifuges.
   Toiles fantaisie pour écran en fils métalliques.

M. Miniscloux a rendu souvent service aux différentes industries de l'arrondissement par l'application et les heureuses dispositions de ses tissus métalliques.

C'est un jeune homme intelligent qui mérite la recommandation du comité.

MONTAIGNE, Liénard, à Ronchin.

M. Montaigne-Liénard, de Ronchin, expose un spécimen grossier d'une presse à huile brevetée en 1848, qui fonctionne chez lui depuis cette époque et donnerait, d'après les déclarations de l'exposant, les avantages suivants :

Une pièce mobile en fer substituée à une paroi fixe fait obtenir 2 à 3 % d'huile en plus ;

La meilleure répartition de la pression permet de presser quatre fois plus fort.

Ce système double la quantité de produits; on chauffe et presse à la fois quatre tourteaux au lieu de deux, dans le même temps et avec un seul ouvrier.

La Commission, incompétente pour juger cet appareil, a cru néanmoins devoir enregistrer les déclarations de l'inventeur.

MOUQUET, Hector, chaudronnier en cuivre, à Lille.
   Appareil de rectification pour distillation.
   50 ouvriers, 500,000 francs.

Les changements apportés à l'intérieur de cet appareil ont paru assez intéressants pour décider votre Commission à solliciter de la Commission impériale l'admission d'une demande fort tardive.

Les produits ordinaires de M. Mouquet se distinguent par l'élégance et la solidité.

ROTRU, Ch., à Roubaix.
Châssis garni de ses espagnolettes.
10 ouvriers, 22,000 francs.

Cette invention permet d'ouvrir les persiennes sans déranger en rien les tentures des châssis et de les fermer sans entrer dans l'appartement.
C'est une idée toute neuve qui est susceptible de nombreuses applications.

RYO-CATTEAU, constructeur, à Roubaix.
Machine à piquer les cartons des métiers à tisser.
30 ouvriers, 100,000 francs.

Le lissage ordinaire produit environ deux mille cartons par jour ; cette machine où toutes les opérations se font mécaniquement en donne environ seize mille.

Les fabricants de Roubaix attachent une grande importance à cette invention et vantent beaucoup l'intelligence de M. Ryo qui a déjà enrichi le tissage de plusieurs inventions heureuses.

SCRIVE frères, fabricants de cardes, à Lille.
Une série d'échantillons de cardes d'une fabrication parfaite.
50 ouvriers, 500,000 francs.
Médaille d'or en 1844. — Rappel en 1849. — Prize medal à Londres en 1851.

La Commission a remarqué particulièrement les garnitures bourrées sur feutre qui offrent des avantages considérables pour le cardage de la laine. Elle recommande spécialement à l'attention du Jury central une garniture complète, qui, après avoir fonctionné cinq ans et demi dans les ateliers de MM. Kœchlin-Dolfus frères, à Mulhouse, est restée en parfait état.

Leur magnifique exposition prouve que MM. Scrive Frères, se maintiennent à la hauteur de la belle réputation qui leur a valu tant d'honorables distinctions.

VANOUTRYVE frères, à Lille.
Assortiment de peignes et gills pour laine, lin et chanvre.
20 ouvriers, 150,000 francs.

MM. Vanoutryve Frères sont les dignes émules de M. Harding-Cocker; leurs produits sont d'une fabrication parfaite. La Commission a particulièrement remarqué un peigne cylindrique d'un grand diamètre, d'une seule pièce, qui a dû présenter de grandes difficultés d'exécution, et aura un immense avantage sur ceux qu'on employait jusqu'ici dans la peigneuse Schlumberger.

VENNIN-DERÉGNEAUX, constructeur, à Lille.
Métier à filer.
150 ouvriers, 500,000 francs.

Ce métier présente un grand nombre de perfectionnements qui lui permettent de produire davantage et en meilleure qualité, facilitent les réparations et le travail du contre-maître chargé de le régler, et garantissent sa plus longue conservation.

Depuis quelques années que M. Vennin s'est attaché à cette spécialité, il a fait faire de grands progrès à cette industrie.

Simple ouvrier au début de sa carrière, M. Vennin est parvenu par son travail et son intelligence à créer, sans le secours de personne, l'établissement le plus important et le mieux outillé qui s'occupe uniquement de ce genre de construction.

VOETS frères, à Lille.
Peignes et aiguilles en acier.
45 ouvriers, 180,000 francs.

MM. Voets Frères sont des fabricants soigneux et capables qui travaillent très-bien et se distinguent par la modicité de leurs prix.

WARD, John, constructeur, à Moulins-Lille.
Peigneuse à lin. — Machine à teiller lin et chanvre.
100 ouvriers, 250,000 francs.

La peigneuse de M. Ward est depuis quelques années la plus répandue en France ; elle présente sur toutes les autres des avantages incontestables : travail facile et peu coûteux; produits supérieurs comme qualité et quantité.

La machine à teiller, qui a fonctionné devant la Commission, remplit parfaitement le but que s'est proposé M. WARD, mais elle laisse peut-être à désirer sous le rapport de la quantité de produits.

WHARTON et HARTLEY, à WAZEMMES.
Cardes, peignes et gills.

Echantillons qui indiquent une fabrication très-soignée.

WINDSOR frères, constructeurs, à MOULINS-LILLE.
Grande étaleuse pour lin long et chanvre.

Assortiment de préparation pour filer des N.ºs 80 à 150 en lin bien coupé, composé d'une étaleuse, trois étirages, un banc de 60 broches.

500 ouvriers, 2,000,000 francs.

La grande étaleuse, remarquable par la solidité de sa construction, présente quelques innovations avantageuses, entre autres un moyen de descente pour les barettes à l'extrémité des vis, sans secousse et sans fatigue.

Toutes les parties des machines pour lin coupé sont bien disposées, bien proportionnées et indiquent une grande expérience de ce genre de constructions.

L'établissement de MM. WINDSOR FRÈRES est le plus important du département. On y construit toute espèce de machines, et principalement celles pour filature et tissage de lin, étoupes, laine, coton et soie.

Le développement considérable que cet établissement a pris depuis quelques années, indique suffisamment la faveur dont jouissent ses produits.

RAPPORTS DE LA SECTION DES FILS ET TISSUS.

1.re partie, Lille.... — M. Émile DELESALLE, Rapporteur.
2.e   —   Roubaix.. — M. H. BOSSUT, Rapporteur.
3.e   —   Tourcoing. — M. ROUSSEL DE LIVRY, Rapporteur.

Première partie. — Lille.

BASQUIN, Louis, à Lille.
   30 ouvriers, 700,000 francs.

Les fils retors exposés par cette maison se distinguent par une grande régularité de torsion dans le cablage des fils fins.

BERNARD, Auguste, et L. BAYART, fabricants, à Lille.
   350 ouvriers, 800,000 francs.

Cette maison, dont l'importance ressort suffisamment par le nombre des ouvriers qu'elle occupe, expose des sarraux non moins remarquables par la finesse des produits que par le bas prix auquel elle peut les établir. C'est une de celles qui ont le plus contribué à nous affranchir du tribut payé à la Belgique pour la fabrication des toiles fines.

BLONDEAU-BILLET, filateur, à Lille.
   220 ouvriers, 1,000,000 francs.
   Médaille de bronze en 1849.

Les efforts persévérants de M. Blondeau-Billet pour implanter dans le Nord la filature de soie ont été couronnés de succès, ainsi que l'indique l'importance de son établissement et de son chiffre d'affaires. Il vient d'y adjoindre un peignage mécanique qui fonctionne dans le département du Gard. Comme produit de ce nouvel établissement, nous signalerons des peignés et filés azurés en fantaisie longue qui remplacent avantageusement l'article china en fantaisie courte, qu'on tirait jusqu'ici d'Angleterre.

CASSE, Jean, et fils, fabricants, à LILLE.
300 ouvriers, 800,000 francs.
Médaille en 1849.

M. J. CASSE expose un magnifique service en linge de table damassé, fait sur commande pour Sa Majesté l'Empereur. La destination de ces produits indique assez que les efforts intelligents de M. CASSE pour naturaliser dans notre pays la fabrication des tissus de luxe, ont été couronnés d'un plein succès.

COUCKE-SONCK et C.ie, fabricants, à LILLE.
400 ouvriers, 700,000 francs.

La fabrication de toiles de MM. COUCKE-SONCK et Cie. est presque entièrement destinée à l'exportation, non seulement pour nos colonies, mais aussi pour l'Amérique du sud, où elles ont à lutter contre les toiles anglaises. Ce seul titre suffirait pour attirer sur ces honorables industriels, toute la bienveillance du Jury français; car en même temps qu'il annonce des efforts incessants et des progrès réels dans la fabrication de la toile, il dénote aussi une hardiesse commerciale qui doit tourner tout à l'avantage de notre pays.

COURMONT frères, fabricants, à MOULINS-LILLE.
120 ouvriers, 800,000 francs.

MM. COURMONT frères ont donné une nouvelle extension à l'ancienne industrie des molletons, grâce au bas prix auquel ils livrent leurs produits. Le Jury ne manquera pas de remarquer, comme spécimen de bon marché, des châles de 83 centimètres, toute laine, grand teint, avec quatre franges, au prix de 1 franc 28 centimes. Cette maison expose aussi un choix très-remarquable de flanelles imprimées, imitation de flanelles de Reims.

COURRIÈRE, Charles, filateur de coton, à LILLE.
100 ouvriers, 1,000,000 francs.

M. COURRIÈRE s'est créé une spécialité pour la fabrication des fils retors en coton ; toutes les opérations que peut comporter cette industrie se font dans l'intérieur de son établissement. Son exposition offre un très-bel assortiment de fils perses, lisses, cordonnets et surtout de fils lustrés, noirs et en couleur, destinés à la fabrication de la moire antique en imitation de soie. Le chiffre d'un million d'affaires indique assez l'extension que cet industriel a su donner à une branche d'industrie jusqu'alors peu importante : aussi croyons-nous devoir appeler sur lui la bienveillance du Jury.

COX, Edmond, et Cie, filateurs, à la Louvière (FIVES lez-Lille).
250 ouvriers, 700,000 francs.
Médailles d'or en 1839, 1844, 1849.

Nous croyons inutile de faire ressortir le mérite de cet honorable industriel, aussi connu par son habileté dans la filature des cotons fins, que par les avis éclairés qu'il a su donner à nos planteurs de cotons d'Algérie. S. M. l'Empereur, en le nommant récemment Chevalier de la Légion-d'Honneur, a prouvé une fois de plus qu'il savait récompenser dignement le vrai mérite.

DAUTREMER, François-Joseph, filateur, à LILLE.
250 ouvriers, 900,000 francs.
Médaille d'argent en 1849.— Prize médal à l'Exposition de Londres en 1851.

M. DAUTREMER soutient honorablement la réputation que lui a value une prize médaille obtenue à l'exposition de Londres. Le défaut d'espace ne lui a permis d'exposer que les plus fins numéros de la série qu'il fabrique ordinairement.

DEBUCHY, F., fabricant, à LILLE.
300 ouvriers.

M. F. DEBUCHY soutient dignement la belle réputation industrielle qui a valu à son père la décoration de la Légion-d'Honneur. Ses étoffes pour pantalons se font toujours remarquer, tant par le choix des dessins que par les soins apportés à une fabrication hors ligne. Il a réussi à établir à Lille la fabrication des piqués nouveautés pour gilets, qui avait été si longtemps la spécialité des fabricants de St.-Quentin.

DELCOURT, L., et C.ⁱᵉ, fabricants, à Wazemmes.
500 ouvriers, 1,300,000 francs.

Cette maison expose des échantillons de sa fabrication courante, qui se recommande par une qualité bien suivie dans tous les articles. Les toiles de MM. Delcourt ont été fabriquées avec des fils provenant de leur filature à laquelle ils viennent d'adjoindre un tissage mécanique. Nous avons remarqué parmi les produits de ce dernier des toiles d'une grande finesse et d'autres d'une largeur de 2ᵐ 40 : ces genres de toiles n'avaient pu être fabriqués jusqu'ici que par le tissage à la main.

DELEBART et LARDEMER, filateurs, à Lille.
180 ouvriers, 400,000 francs.

Cette maison, dont les produits sont justement appréciés par les consommateurs de coton fin, a en outre le mérite d'avoir construit toutes les machines qui fonctionnent dans ses deux établissements.

DESCAMPS aîné, filateur, à Lille.
180 ouvriers, 700,000 francs.

Cette exposition, l'une des plus complètes comme filature de lin, donne une idée bien exacte de la fabrication courante de M. Descamps. Elle se distingue par la bonne qualité de produits que l'on a su tirer de matières assez ordinaires ; sous ce rapport, le N.° 240 en lin de Bergues, nous a paru un véritable tour de force ; il en est de même du N.° 90, filé avec des déchets d'étoupes.

DROULERS et AGACHE, filateurs, à Lille.
1,020 ouvriers, 2,500,000 francs.

Cette maison est, sans contredit, la première de notre pays pour la filature de lin, tant par l'importance de ses établissements que par la bonne qualité de ses produits. Elle peut rivaliser dans presque tous les genres avec les meilleures filatures de la Belgique et de l'Angleterre. Elle possède dans ses deux établissements de Lille et de Pérenchies, 16,000 broches.

DUPONT, C., à Roncq.
120 ouvriers, 160,000 francs.

M. C. Dupont s'attache surtout à la production des fils de lin à bon marché ; c'est à ce point de vue que nous signalons spécialement ses produits à l'attention du Jury.

DUPORT, Ch., filateur, à Seclin.
125 ouvriers, 300,000 francs.

M. Ch. Dupont expose des produits d'une bonne qualité courante, remarquables surtout par le bas prix auquel il peut les établir. Cet industriel a, le premier, fondé une filature de lin dans la ville de Seclin, où cette industrie a pris un assez grand développement.

HUMBERT frères, filateurs, à Lille.
200 ouvriers, 500,000 francs.

MM. Humbert frères, exposent des fils de lin retors en pelotte ; c'est là une heureuse innovation empruntée à la filature de coton, et qui rend plus facile le dévidage du fil. Ces produits se recommandent également par leur brillant, leur force et leur souplesse.

JONGLEZ-HOVELACQUE, à Lille.
250 ouvriers, 150,000 francs.

M. Jonglez-Hovelacque expose des spécimens de sa fabrication courante qui est spécialement destinée aux fournitures de la guerre et de la marine. Une production soignée et bien suivie lui a permis de faire en ce genre des affaires d'une très-grande importance.

DANSETTE, Hubert, sous la raison commerciale LEBLON-DANSETTE, à Armentières.
500 ouvriers, 1,100,000 francs.
Médaille de bronze en 1844.

Cette maison expose des tissus en lin et en coton de très-bonne qualité et qui ont surtout pour mérite leur bas prix. Le zèle éclairé dont M. Dansette, maire d'Armentières, membre du Conseil général du département, a fait preuve dans les fonctions publiques qu'il remplit depuis longtemps, n'a pas empêché la maison de commerce qu'il dirige sous la raison Leblon-Dansette, de conserver une position industrielle très-honorable, sur laquelle nous appelons toute la bienveillance du Jury.

LEMAITRE-DEMEESTÈRE, fabricant, à Halluin.
240 ouvriers, 1,000,000 francs.
Médailles d'argent en 1844 et 1849.

Cet honorable industriel peut être considéré comme le créateur de l'industrie d'Halluin, qui a réussi peu à peu à nous affranchir du tribut autrefois payé à la Belgique pour la fabrication des toiles fines. L'examen des produits qu'il expose et qui ne sont que des spécimens de sa fabrication courante, permettra au Jury de constater la force et la régularité de ses toiles ; mais nous devons spécialement attirer l'attention sur ce point : c'est que le genre de toile que M. Lemaitre vendait, il y a quinze ans, à 2 fr. 10 le mètre, il l'établit aujourd'hui à 1 fr. 40, et cela, sans avoir diminué le salaire de ses ouvriers. C'est là un progrès que nous sommes heureux de constater et qui devra certainement être apprécié par le Jury.

MAILLOT et OLDKNOW, fabricants de tulle, à Lille.
60 ouvriers, 300,000 francs.

Ces industriels, d'une intelligence remarquable, occupent une place distinguée dans une industrie où les ressources de la mécanique ont constamment à lutter contre les caprices du goût. Leurs produits se font remarquer par l'heureux choix des dessins et par les soins d'une fabrication dont le bon marché est devenu une des merveilles de l'industrie cotonnière.

Les mêmes fabricants sont inventeurs d'un système breveté qui introduit dans les métiers à tulle des barres métalliques à trous : ce système a déjà reçu une application presque générale tant en France qu'en Angleterre.

MAHIEU-DELANGRE, fabricant, à ARMENTIÈRES.
1,900 ouvriers, 1,400,000 francs en filature, 1,500,000 francs en tissage.
Médaille d'argent en 1844. — Médaille d'or en 1849.

M. MAHIEU-DELANGRE occupe actuellement la première place dans l'industrie linière de notre pays par l'importance de ses établissements tant en filature qu'en tissage et blanchissage du lin. Il occupe 1,900 ouvriers et produit annuellement pour 1,500,000 francs de toiles. Sa filature, l'une des plus anciennes du pays, a passé successivement du chiffre de 1,200 broches à celui de 10,000 ; on trouve chez cet industriel la hardiesse du commerçant jointe à l'habileté du fabricant ; aussi ses efforts persévérants ont-ils toujours été couronnés d'un succès mérité. Malgré une production considérable, ses magasins sont toujours vides et ses nombreux ouvriers n'ont jamais à craindre de chômage. Nous pensons que M. MAHIEU est en droit de réclamer de la justice du Jury la plus haute récompense.

MALLET frères, filateurs, à ESQUERMES.
400 ouvriers, 1,200,000 francs.
Prize medal à Londres en 1851.

Cette maison continue à se maintenir au premier rang pour la fabrication des fils de coton fins ; les produits qu'elle expose prouvent assez qu'elle n'a pas laissé dégénérer une réputation qui a valu à M. MALLET père, la décoration de la Légion-d'Honneur, et à M. MALLET fils, la prize-medal à l'exposition de Londres.

MONCHAIN, filateur, à LILLE.
80 ouvriers, 150,000 francs.

Cet industriel est un de ceux qui apportent le plus de soins à sa fabrication. Aussi ses produits sont ils justement appréciés par les consommateurs de fils supérieurs. Il expose un N.° 14 en fil de lin mouillé d'une régularité presque parfaite.

POUCHAIN, Victor, à Armentières.
600 ouvriers, 800,000 francs.

M. V. Pouchain est un des meilleurs fabricants d'Armentières; sa maison, de création récente, a vu son chiffre d'affaires s'accroître de 300,000 fr. depuis l'année dernière. C'est le meilleur hommage rendu aux soins et à l'intelligence de cet industriel. Nous signalons spécialement à l'attention du Jury, des toiles en nuance foncée pour blouses et confection, ainsi que des toiles de 2 m. 70 de large pour draps de lit, sans coutures : à qualité égale, ces dernières sont meilleur marché que les toiles cretonnes.

POURREZ. Bien-Aimé, filateur, à Lille.
200 ouvriers, 250,000 francs.

M. Pourrez expose des fils de coton retors, depuis le N.° 40 jusqu'au 300, qui se recommandent autant par leur prix peu élevé que par les soins apportés à leur fabrication.

REYNAERT, Auguste, fabricant, à Armentières.
300 ouvriers, 500,000 francs.

Cette maison, l'une des plus anciennes d'Armentières, produit spécialement les toiles destinées à l'équipement militaire. Nous avons remarqué une pièce treillis blanc extra-fin, dont la fabrication nous a paru très-soignée.

SCRIVE frères, SCRIVE frères et J. DANSETTE.
1,500 ouvriers, 4,500,000 francs.

En vertu de l'article 71 du règlement général, ces deux maisons se trouvent hors de concours pour les récompenses, M. D. Scrive, l'un des associés, faisant partie du Jury central.

MM. Scrive frères exposent des lins rouis et teillés dans leur établissement de Marcq-en-Barœul: ces lins, récoltés dans le département du Nord, sont remarquables par leur finesse qui a permis d'en filer du N.° 300.

MM. Scrive exposent également, dans la galerie de l'Algérie, des fils et et des tissus provenant de lin d'Afrique.

MM. Scrive frères et J. Dansette exposent les types des toiles employées pour le service de la guerre et celui de la marine. L'importance des lots soumissionnés par cette maison, dans certains genres de toiles jusqu'alors fabriquées à la main, indique les progrès qu'elle a fait faire au tissage mécanique.

La maison SCRIVE FRÈRES est à la tête de cinq établissements liniers :

1.° A Marcq. Un rouissage manufacturier et teillage mécanique préparant les produits d'une culture de 200 hectares.
2.° A Marcq. Une filature de lin de 4,000 broches;
3.° A Lille. Une filature de lin de 8,500 broches, fondée en 1834;
4.° A Marquette. Un tissage mécanique contenant 280 métiers;
5.° A Halluin, un tissage à la main de 400 métiers.

Ces divers établissements ont valu à la maison SCRIVE frères la médaille d'or pour la filature et le tissage du lin aux expositions de 1844 et 1849, et la prize medal à l'exposition de Londres.

SIX frères, à WAZEMMES.
300 ouvriers, 600,000 francs.

Le peu d'espace accordé à MM. SIX FRÈRES ne leur a pas permis d'exposer les produits d'un établissement très-important pour blanchisserie et teinture. Ils se sont bornés à envoyer le spécimen des produits qu'ils obtiennent par le rouissage et le blanchiment du chanvre brut. Cette nouvelle industrie pour laquelle MM. SIX ont pris un brevet d'invention, nous paraît pleine d'avenir, car elle doit procurer des emplois très-variés à des matières communes qui ne servaient jusqu'alors qu'à la fabrication des ficelles et cordages.

Les progrès que ces industriels ont fait faire à l'industrie du blanchiment doivent attirer sur eux l'attention bienveillante du jury.

SOYER-VASSEUR et fils, fabricants, à LILLE.
300 ouvriers, 800,000 francs.
Médaille d'argent en 1849.

M. SOYER-VASSEUR continue à tenir avec la maison LEFEBVRE, de Roubaix, son ancienne associée, le premier rang pour la fabrication des tissus pour gilets. La carte d'échantillons qu'il nous a soumise, nous a paru aussi remarquable par la variété originale des dessins que par l'habileté et les soins apportés dans la fabrication du tissu.

TESSE-PETIT et fils, filateurs, à Lille.
200 ouvriers, 400,000 francs.

Cette maison, l'une des plus anciennes dans la filature des cotons fins, a su conserver son rang dans l'industrie cotonnière, ainsi que le témoignent trois rappels successifs de la médaille d'argent en 1839, 1844 et 1849. Elle expose dans la galerie de l'Algérie, un N.° 236, qui prouve qu'elle sait tirer bon parti de nos cotons d'Afrique.

VANDEWYNCKELE père et fils, blanchisseurs de fils, à Comines.
40 ouvriers, 200,000 francs.

Cette maison est une de celles qui s'occupent avec le plus de succès du blanchiment des fils de lin simples et retors. Elle est parvenue à crêmer et blanchir des fils faits avec des lins de toute provenance, sans en altérer la solidité.

VANDEWYNCKÈLE-FOUZON, teinturier-apprêteur, à Wazemmes.
40 ouvriers, 250,000 francs.

Grâce à un apprêt de son invention, ce fabricant a réussi à donner à des tissus écrus et de couleur grisâtre, une teinture d'un bleu pâle et vif qu'on ne pouvait obtenir jusque là qu'après un crêmage ou lessivage quelconque.

VERSTRAETE frères, filateurs, à Lille.
280 ouvriers, 1,200,000 francs.

MM. Verstraete frères ont le mérite d'avoir été presque toujours les premiers à admettre les innovations introduites dans une industrie trop longtemps stationnaire. Grâce à leur intelligence des machines, ils ont su rendre l'Angleterre tributaire pour les métiers à lustrer de leur invention.

Ils exposent, comme filateurs de lin, des N.°^{s} 30 à 80 en qualité supérieure; ces fils sont consacrés presque exclusivement à la fabrication de fils retors, pour lesquels leur maison jouit, à juste titre, d'une ancienne réputation qui remonte jusqu'à l'année 1811.

Nous avons surtout remarqué les fils crêmés et lustrés en cinq et six bouts, employés pour arcades de métiers à tisser, ainsi que les fils glacés noirs et en couleurs, qui remplacent la soie dans la fabrication de la moire antique.

Nous croyons faire acte de justice en recommandant ces honorables industriels à toute la bienveillance du jury.

WANNEBROUCK, Louis, fabricant, à LILLE.
100 ouvriers, 200,000 francs.

M. WANNEBROUCK a envoyé des produits de sa fabrication courante, qui se porte spécialement sur l'article coutils pour pantalons : il est le digne émule de M. F. Debuchy, dont il a été autrefois l'élève.

Deuxième Partie. — ROUBAIX.

ALLART-ROUSSEAU et C.ᵉ, à ROUBAIX.
Peignage de laine mécanique.
80 ouvriers, 1,000,000 à 1,200,000 francs.

On se plaît à rendre justice à des industriels comme MM. ALLARD-ROUSSEAU et Cie.

L'ordre qui règne dans leurs ateliers, le travail régulier et perfectionné qui s'y fait, produisent les heureux résultats que constate l'exposition de cette maison.

Ses laines peignées avec soin sont en grande faveur.

BULTEAU frères.
Nouveautés pour robes.
450 ouvriers, 950,000 à 1,000,000 francs.
Mention honorable en 1839. — Médaille de bronze en 1844.

Se sont livrés avec grand succès à la fabrication et à la vente des tissus de haute nouveauté et on cite de leur production de nombreux articles qui ont fait genre et leur ont valu une belle place parmi nos fabricants.

L'exposition de leurs étoffes prouvera sans doute ce que nous venons de dire. Il est juste d'ajouter que le bon goût règne partout dans leurs tissus destinés à la belle vente.

BULTEAU-DESBONNETS.
Filature de laine et nouveautés pour robes.
290 ouvriers, en filature 400,000 francs, en tissage 400,000 francs.

Les tissus de robes de cet exposant imitent par une bonne exécution, les étoffes de nouveauté de prix élevé.

Il réussit aussi dans les articles fins et son exposition prouve qu'il traite également bien les deux genres.

COISNE, Henri, et C.ᵉ.
Filature de laine.
140 ouvriers, 350,000 francs.

Exposent des produits de leur filature qui sont remarquables par leur qualité et leur extrême variété.

Les mélangés et les jaspés de toutes couleurs comme les laines de diverses contrées, ont été filés avec succès par ces filateurs qui en présentent de nombreux échantillons.

CORDONNIER, Louis.
Nouveautés et tissus orléans pour robes et pour paletots.
500 ouvriers, 1,200,000 à 1,400,000 francs.

Le rapport du jury départemental du Nord de 1849 disait de ce fabricant :

« Il a produit des étoffes de nouveauté pour robes avec un succès tellement complet qu'il y a lieu de penser que dans ses innovations se trouvent les éléments de toute une industrie nouvelle dont M. Cordonnier aura eu le mérite de doter le pays. »

Ces prévisions se sont réalisées ; aujourd'hui les tissus pour robes font les trois quarts de l'importance de la fabrication de Roubaix.

La fabrique de Roubaix doit à M. Cordonnier de nombreux articles pour robes.

L'étoffe connue depuis 1847, d'abord sous le nom de velours alboni, puis velours de mai et velours d'antomne, est une création de ce fabricant comme l'introduction de la popeline unie et nouveauté est son œuvre dans la fabrique de Roubaix.

Les orléans de toutes sortes et de toutes couleurs, d'après le système anglais tissage mécanique, ont été l'idée, le but et le résultat des efforts de ce fabricant, qui après avoir travaillé ce tissu parmi les premiers, est parvenu à se placer et à se tenir au premier rang dans cette production.

L'exposition qu'il offre de ses produits aussi nombreux que variés provient d'étoffes livrées à la consommation.

Le comité ne saurait trop recommander à l'attention du jury le mérite de cet exposant dont le passé est si remarquable.

DEBISCHOP-GRAU.
Tapis moquette et chenille.
40 ouvriers, 200,000 francs.

Est le seul fabricant de tapis de Roubaix ; il a pour ses produits des procédés aussi simples qu'ingénieux qui lui permettent de livrer à la consommation, à des prix modérés, des moquettes et genres chenille pour tapis, foyer et meubles, d'une bonne fabrication et de riches couleurs.

DECOTTEGNIE-DAZIN.
Tissus de laine et fantaisie pour robes.
150 ouvriers, 400,000 francs.

Est un des anciens fabricants de Roubaix qui, après avoir longtemps et heureusement travaillé les articles courants pour pantalons, a débuté avec succès dans la nouveauté robe riche.

On doit lui souhaiter de continuer comme le promettent les tissus qu'il expose.

DEFFRENNES-DUPLOUY, à Lannoy.
Courtes-pointes de coton, filature de coton.
180,000 francs.
Mention honorable en 1844. — Médaille de bronze en 1849.

S'est distingué à plusieurs expositions et en dernier lieu à l'exposition des produits de Roubaix, offerte dans cette ville à LL. MM. l'Empereur et l'Impératrice.

Ses produits, qui auront très peu de similaires dans la fabrique française à l'exposition universelle, cet exposant étant le seul de ce genre dans le département du Nord, sont remarquables par leurs dessins et leur belle fabrication.

DELFOSSE frères.
Tissus de laine et de fantaisie pour robes.
340 ouvriers, 800,000 à 1,000,000 francs.
Médailles d'argent en 1844 et 1849.—Medal de prix 1851 à Londres.

Ces exposants ont fait leurs preuves dans la fabrication des tissus de laine pour robes; ils se sont distingués aux expositions de Paris et de Londres ;

Ils se sont livrés depuis lors aux tissus de nouveauté fantaisie et ils ont réussi, leur mérite s'en trouve augmenté et il n'est que juste de dire qu'ils tiennent dignement leur rang parmi nos grands producteurs.

DELATTRE, Henri, père et fils.
Filature de laine peignée et tissage.
Nouveautés pour robes et pantalons.
1,150 à 1,250 ouvriers, 3,000,000 francs de fabrication.
Médaille d'or en 1839. — Rappel en 1844. — Décoration en 1849. — Médaille de prix pour la perfection des tissus et mention honorable pour la qualité des matières en 1851, à Londres.

N'ont pas cessé de marcher dans le progrès à la tête de l'industrie de la laine tissée et filée.

Récompensée à toutes les expositions dans la personne de son fondateur et de son chef, M. Henri DELATTRE père, aujourd'hui membre adjoint au Jury impérial, cette maison, tout en perfectionnant ses tissus de laine dont elle augmente constamment la production, a débuté, cette saison, avec succès dans la haute nouveauté de fantaisie pour robes.

Les fils de M. Henri DELATTRE, ses collaborateurs et ses associés, ont tous les éléments nécessaires pour agrandir cet important héritage, en continuant, comme le prouve l'exposition de leurs produits, à réunir la perfection du tissu à la qualité de la matière.

On peut dire de la maison DELATTRE père et fils, qu'elle a commencé à Roubaix avec l'industrie de la laine, qu'elle a puissamment contribué à en doter cette ville, qu'elle en a fait connaître les produits d'une manière qui en a assuré le succès et la durée et qu'elle y consacre toujours avec activité son intelligence des affaires et ses grandes ressources.

DEPLASSE, Jean-Baptiste.
   Linge de table.
   80 ouvriers, 260,000 francs.

Présente du linge de table d'une très-belle exécution comme richesse de dessins et fabrication et qui joint à ces qualités le mérite d'être de prix très-modérés.

DESCAT-LIBOUTON et C.ie

Présentent un nombreux assortiment de filés, mélangés, jaspés, unis, en laine, en poil de chèvre, en alpaga.

DESCAT-CROUSET.
   Teintures et apprêts de tissus.
   900 ouvriers.
   Médaille d'argent en 1844. — Médaille d'or en 1849.

L'exposition de 1849 a donné à la maison DESCAT-CROUSET la médaille d'or et à M. Théodore DESCAT, au nom de qui elle a exposé, la décoration.

M. Constantin DESCAT est aujourd'hui le chef et le directeur des établissements de Roubaix, de cette maison qui peut passer pour une des plus importantes de France comme teintures et apprêts de matières et de tissus.

La quantité de matières et de tissus que teint et apprête M. DESCAT-CROUSET, est immense. Le rapport de 1849 en faisait mention. Sans entrer dans les mêmes détails sur ce point, le rapport de 1855 peut garantir que ces chiffres se sont de beaucoup élevés.

La maison DESCAT-CROUSET a prêté à la fabrique de Roubaix un utile concours dans les articles orléans qu'elle traite avec une supériorité reconnue.

Le comité local de Roubaix croit devoir appuyer d'une recommandation spéciale, le nom de M. Constantin DESCAT qui a su maintenir et augmenter la valeur industrielle de sa maison.

DILLIES frères.
   Tissus unis.
   380 ouvriers, 1,000,000 francs.

Se sont fait une bonne réputation et ont acquis la faveur de la vente par leurs orléans unis couleur, jaspés et mélangés pour robes et pour paletots.

Ils ont été les premiers à s'occuper sur une grande échelle du tissage mécanique pour orléans et ils ont réussi dans leur entreprise, ayant été aidés dans cette fabrication par leur filature spéciale, dont ils exposent de beaux produits.

DUBAR–DELESPAUL.
Tissus pour pantalons.
220 à 270 ouvriers, 400,000 francs.

Représente dans son exposition la production très-variée du tissu façonné et uni en pur coton pour pantalons.

Il tient une belle place dans ce genre, qui a fait le début et les premiers succès de la fabrique de Roubaix.

DUPISRE, Jean-Baptiste.
Nouveautés laine et coton pour pantalons.
200 ouvriers, 300,000 francs.

Est un des rares fabricants de Roubaix qui se sont tenus et qui, par une bonne et persévérante fabrication, ont réussi dans une spécialité, l'étoffe de laine et coton nouveauté pour pantalons.

FERRIER, Edouard.
Filature de laines peignées.
102 ouvriers, 360,000 francs.

Tient une bonne place parmi les filateurs de laines peignées; ses fils mélangés ou unis pour popelines, bonneterie, passementerie, de même que ses trames dévidées, sont estimés des consommateurs.

FLORIN, Joseph.
Tissus laine, soie et nouveautés.
200 ouvriers, 700,000 à 800,000 francs.
Mention honorable en 1844. — Médaille de bronze en 1849.

Est un des bons fabricants de Roubaix. Il s'est particulièrement fait apprécier dans l'article orléans mélangé uni et avec soie et dans l'étoffe satin broché pour tabliers. Il expose dans ces deux genres des échantillons remarquables.

FLORIN, Léopold
Tissus de nouveauté pour robes.
220 ouvriers, 600,000 francs.

Son exposition offre un aperçu de sa fabrication extrêmement variée dans la nouveauté de tous prix. M. Léop. FLORIN ne cesse de créer du nouveau et il a été souvent heureux dans ses créations qui sont restées à la fabrique. On pourrait dire avec raison de ce fabricant qu'il représente parfaitement le caractère particulier du fabricant de Roubaix, toujours à la recherche de la nouveauté et ne s'arrêtant jamais.

Ses produits sont remarquables et lui ont assuré, depuis plusieurs années, une grande vogue.

HARINCKOUCK et C.ie
Articles pour meubles et lainages pour robes.
75 ouvriers, 350,000 francs.

A débuté d'une manière heureuse dans les tissus damas, reps, nouveautés pour meubles.

Il se présente avec une exposition qui lui vaudra une position estimable parmi ses rivaux.

HEYNDRICKX-DORMEUIL.
Tissus pour gilets.
70 ouvriers, 350,000 francs.

S'est fait une honorable réputation comme excellent fabricant de gilets. Le succès a suivi ses produits qui sont très-recherchés, retenus à l'avance à cause de leur nouveauté et de leur belle exécution.

HONORÉ, Charles.
Nouveautés pour robes.
60 à 80 ouvriers, 200,000 francs.

S'occupe principalement des articles courants de nouveauté, dont il présente des échantillons à des prix modérés.

LAGACHE, Julien.
   Gilets et coutils fils pour pantalons.
   350 à 380 ouvriers, 800,000 à 1,000,000 francs.
   Médaille d'argent en 1844. — Médaille d'or en 1849.

Demandez à n'importe quel fabricant de Roubaix ce qu'il pense de M. J. LAGACHE et de ses productions pour gilets et pantalons nouveautés ? Chacun dira que nul n'a su mieux exécuter, par une fabrication irréprochable, les idées souvent très-neuves, comme grains d'étoffes et emploi de matières, que sa grande connaissance du montage et du tissage lui inspirait.

M. J. LAGACHE, depuis longues années, tient la tête de la nouveauté pour gilets et pantalons, qui a toujours été très-recherchée chez lui et qu'il ne fait que sur commission. Ce fabricant a obtenu une médaille d'or à la dernière exposition, et comme son mérite n'a fait qu'augmenter, le Comité le signale d'une manière toute particulière.

LEFEBVRE-DUCATTEAU frères.
   Filature, fabrique de tissus pour gilets, lainages et nouveautés, peignage et tissage mécanique, teintures et apprêts.
   1,200 ouvriers, 2,000,000 francs tissage, 1,100,000 francs filature.
   Médaille d'or en 1844, au nom de leur mère. — Rappel de médaille d'or en 1849. — Prize medal à Londres en 1851.

Il suffit de voir la magnifique exposition de MM. LEFEBVRE-DUCATTEAU FRÈRES, pour reconnaître leur supériorité dans la fabrication des gilets et les progrès qu'ils n'ont cessé de faire depuis les deux médailles d'or dont ils ont été récompensés en 1844 et 1849.

L'importance de cette maison la met au premier rang.

Comme industriels, MM. LEFEBVRE-DUCATTEAU n'ont reculé devant aucune amélioration et l'organisation remarquable de leurs grands établissements de tissage, de filature, de peignage, enfin de teinture et d'apprêts, témoigne de leur travail bien entendu comme de leurs capacités.

Ils présentent à l'exposition un immense assortiment de gilets où la richesse du dessin le dispute au goût et à la variété des couleurs, et des articles de pure laine qui méritent aussi l'attention du jury.

LEJEUNE-MATHON (Veuve).

Filature de laines peignées et peignage mécanique.
230 ouvriers, 1,100,000 francs.
Médaille de bronze en 1844. — Médaille d'argent en 1849.

Dirige une filature de laines peignées et un peignage mécanique dont les produits ont mérité la faveur des consommateurs par leur qualité.

Cette exposition attirera l'examen du jury pour la régularité des filés et des belles laines peignées.

LEPOUTRE, Auguste.

Tissus de laine nouveautés pour robes.
150 ouvriers, 500,000 francs.

S'est honorablement placé, dès son début, comme bon fabricant de lainage uni et nouveauté. Ces produits ont été recherchés par leur goût et leur bonne exécution.

LEPOUTRE-PARENT.

Tissage et filature de bourre de soie.
210 ouvriers, 400,000 francs fabrique, 300,000 francs filature.

Cet exposant est un bon producteur de nouveautés pour robes, qui a de plus ce mérite d'avoir fondé la première filature de bourre de soie dans notre ville et qui s'est ainsi créé deux industries, dont l'une vient aider l'autre; en unissant leurs ressources, M. Lepoutre-Parent peut marcher en avant dans les progrès que fait la nouveauté pour robes.

Son exposition de tissus et de fils en est la preuve.

LEROUX-DELCROIX.

Damas pure laine et laine et soie.
40 ouvriers, 100,000 francs.

A commencé depuis peu d'années la fabrication des étoffes pour meubles à Roubaix, et il est juste de dire qu'il s'est distingué par un beau début.

MARISSAL, Gustave.
> Tissus en fil et fil et coton.
> 40 à 50 ouvriers.

Est un jeune et bon fabricant de tissus de fil blanc, couleur, unis et façonnés pour pantalons.

Ses produits le placent avantageusement dans cette nouvelle série des articles de Roubaix.

MAZURE-MAZURE.
> Étoffes pour meubles.
> 600 ouvriers, 2,000,000 francs.
> Médaille d'argent en 1849.

Cette maison est une des plus importantes de Roubaix et produit très-grandement les étoffes pour meubles, dans tous les prix.

Ses damas unis de pure laine, ses tentures de laine et soie de plusieurs couleurs, ses reps variés de dessins et de nuances, représentent à l'exposition l'ensemble d'une de nos grandes et heureuses industries de ce genre.

MONTAGNE, Jean.
> Nouveautés pour robes et ameublements.
> 600 ouvriers, 1,200,000 francs.
> Médaille de bronze en 1849.

M. Jean Montagne est un grand producteur. Depuis l'étoffe légère pour robes jusqu'aux riches popelines et ameublements de haut prix, il travaille une série très-variée de tissus dont il soumet un assortiment complet et remarquable à l'exposition.

MOTTE-BOSSUT et C.ⁱᵉ
> Filature de coton, 55,000 broches à filer le coton dont 52,000 par renvi-deurs mécaniques.
> 561 ouvriers, 2,000,000 à 2,500,000 francs.

MM. Motte-Bossut et C.ᵉ sont les plus grands filateurs de nos pays; on eur doit en partie l'essor qu'a pris la filature de coton dans Roubaix depuis une dizaine d'années.

En 1842, ils commençaient leur établissement sur le système anglais des renvideurs mécaniques.

Malgré les plus graves obstacles, au nombre desquels il faut compter l'incendie qui, en 1846, dévora leurs ateliers, malheur ruineux réparé avec la plus grande énergie par M. Motte-Bossut, qui sut retirer des débris une nouvelle filature reconstruite en partie à Roubaix sur les mêmes plans, malgré de nombreuses entraves, ils ont mené à bonne fin leur entreprise, et leur filature, on peut le dire, preuves en main, a été la première qui ait fait en France l'application manufacturière des renvideurs mécaniques. Les deux essais tentés précédemment à Gamadier et au Hâvre avaient échoué.

MM. Motte-Bossut et Ce, ayant fait faire un grand progrès à l'industrie de la filature de coton dans la ville de Roubaix, le Comité croit faire acte de juste appréciation en recommandant d'une manière spéciale les mérites personnels et la qualité des produits de ces exposants.

MOURMANT, Julien.
 Étoffes pour robes.
 165 ouvriers, 300,000 francs.

Expose un très-joli assortiment de valencias, taffetas, popelines et articles de nouveauté fantaisie pour robes.

C'est aussi un bon fabricant dont les étoffes ont du mérite et du succès.

PIN-BAYART.
 Tissus et filature de laines peignées.
 280 ouvriers, 600,000 à 700,000 francs.
 Mention honorable motivée, en 1844. — Médaille d'argent en 1849. — Médaille à Londres en 1851.

M. Pin-Bayart joint aux étoffes de laine une fabrication estimée de nouveautés pour robes. Il a aussi fait ses preuves aux expositions de Paris et de Londres.

L'assortiment de tissus que présente cet exposant, le signale comme un de nos fabricants de goût et d'intelligence. Il tient, du reste, une belle position dans la fabrique et il ne néglige rien pour rester à la hauteur de sa réputation.

POUILLIER-DELERUE.

Lainages et nouveautés.

150 ouvriers, 500,000 francs.

Réunit avec succès deux genres de tissus différents, quoique destinés à la même vente.

Il expose des étoffes de laine et coton, de laine et soie et de pure laine, qui le recommandent très-convenablement.

PROUVOST, Henri.

Tissus pour robes, paletots et pantalons.

200 ouvriers, 600,000 francs.

A eu une belle réputation comme fabricant de pantalons, genre qu'il continue, mais qu'il remplace dans sa production par les tissus de nouveautés pour robes qui lui ont valu, cette saison, une grande vogue par leur goût et leur belle exécution.

PROUVOST, Amédée, et C.ie

Peignage mécanique.

200 ouvriers, 2,500,000 francs.

MM. Amédée Prouvost et C.e dirigent un établissement de peignage mécanique, le plus important de nos pays, en machines françaises.

L'organisation qui y règne est aussi remarquable que la qualité des peignés qu'ils livrent à la consommation.

ROUSSEL-DAZIN.

Tissus pour robes et filature de laine.

420 ouvriers, 400,000 francs en filature, 1,000,000 francs en tissage.

Mention honorable en 1818. — Médaille d'argent en 1844. — Rappel de médaille d'argent en 1849.

M. Roussel-Dazin est un des doyens de la fabrique de Roubaix : c'est un titre qu'il est fier de mériter et d'entretenir par une fabrication d'étoffes pour robes, qu'il sait constamment renouveler et qu'il dirige avec une grande perfection comme tissu et coloris.

Vétéran de la fabrique, il a su, dans sa carrière, apporter sa bonne part au progrès général de Roubaix. M. Roussel-Dazin a, de plus, des services personnels qui le recommandent particulièrement.

    ROUSSEL, François.
        Tissus pour robes.
        535 ouvriers, 1,000,000 francs.

M. François Roussel envoie à l'exposition la représentation exacte, aussi importante que variée, de sa grande production dont le but est de faire de bons tissus destinés par leurs bas prix aux petits et nombreux consommateurs.

Il s'est signalé ces années dernières par un grand succès dans ses orléans et satins duchesse mélangés.

C'est un fabricant de beaucoup d'avenir ; son travail et ses produits le garantissent.

    SADON, C., et Cie.
        Étoffes laine et soie.
        100 ouvriers, 400,000 francs.

Cet exposant suit de près, dans sa haute nouveauté, les étoffes de soieries de Lyon dont il est un enfant. Il travaille la soie avec talent, et ses produits ont un cachet de perfection comme tissu et coloris qui lui assurent une bonne place parmi ses concurrents.

    SCAMPS, Philippe.
        Tissus pour pantalons et paletots.
        200 ouvriers, 250,000 francs.

Ce fabricant est un inventeur digne d'être signalé pour la variété et la nouveauté de ses dessins pour pantalons en pur coton. Il offre aussi de beaux échantillons d'orléans pour paletots.

    SCREPEL, César.
        Tissus et filature de laine.
        400 ouvriers, 900,000 francs.
        Médaille de bronze en 1849.

Représente une spécialité : l'étoffe de pure laine dans sa plus belle application. Il s'est fait un nom honorablement connu, par la qualité et la perfection de ses tissus, et sa filature, dont il expose les filés qu'il emploie lui-même, prouve que cet exposant est aussi bon filateur que fabricant de mérite.

SCREPEL-ROUSSEL.

Tissus et filature de laine.

300 ouvriers, 400,000 francs de filature, 900,000 francs de tissage.

Médaille d'argent en 1844. — Rappel de médaille d'argent en 1849.

C'est un nom qui a figuré des premiers dans l'industrie de la laine; il y a obtenu de beaux succès, et les dernières expositions lui ont donné des récompenses qui l'ont poussé à de nouveaux progrès. Il en fournit la preuve aujourd'hui par ses tissus et ses produits de filature.

Nous devons lui reconnaître le mérite d'avoir su conserver à la fabrique l'étoffe de laine riche pour paletot, et il en expose de beaux échantillons.

TERNYNCK frères.

Tissus de laine, fil de lin et fantaisie pour robes, peignage et filature.

610 ouvriers, 1,400,000 francs.

Médaille d'argent en 1839. — Médaille d'or en 1844. — Rappel de médaille d'or en 1849.

Les expositions auxquelles ces fabricants ont pris part ont toutes récompensé leur mérite, en reconnaissant et leur travail et la perfection de leurs tissus.

Depuis lors, MM. Ternynck Frères ont ajouté à leur importante fabrication d'étoffes de nouveauté pour pantalons, auxquelles ils doivent leurs premiers succès, la nouveauté pour robes, en genre fantaisie, en unis, en orléans, et ils se sont aussi distingués dans ces tissus. Ils ont créé un établissement de filature et de peignage et se tiennent ainsi à la hauteur de la position industrielle qu'ils ont su acquérir dans notre fabrique.

L'exposition qu'ils offrent de leurs nombreux articles est des plus remarquables.

TETTELIN-MONTAGNE.
Tissus pour robes.
100 ouvriers, 500,000 francs.
Médaille de bronze en 1844. — Rappel en 1849.

Cet exposant s'est acquis une réputation recommandable par sa fabrication de popelines façonnées et ses nouveautés de fantaisie pour robes.
Les étoffes qu'il présente méritent des éloges.

WATTEL, Florimond.
Tissus de fantaisie pour robes.
260 ouvriers, 700,000 francs.

Présente des nouveautés de fantaisie pour robes qui ne laissent rien à désirer comme emploi de matière et perfection de tissu.
Ce n'est que lui rendre justice de dire qu'il a le plus grand succès dans ses productions qui l ont placé, dès son début dans ce genre, à un rang élevé qu'il saura conserver. Il a pour cela de grandes connaissances dans le montage des métiers; le goût de la nouveauté et ses tissus dénotent, par leurs qualités, une grande persévérance dans le travail.

WIBAUX-FLORIN, D., fabricant, filateur, teinturier.
16,000 broches à filer le coton, 6,000 à retordre.
800 ouvriers, en filature 800,000 francs, en tissus 700,000 francs.
Médaille d'argent à Paris en 1844. — Rappel de médaille d'argent en 1849.

M. D.e WIBAUX-FLORIN occupe le premier rang dans son genre d'industrie qui comprend, dans son importante variété, la filature du coton, la teinture, le tissage mécanique et à la main pour les tissus de coton, de fil et coton pour pantalons, chaussures, corsets ou paletots.
Plusieurs de ces produits, entr'autres les articles fil et coton, trois bouts, lui ont fait depuis longtemps une réputation et un nom recommandables.
L'importante filature de M. D. WIBAUX tient aussi comme nombre de broches, et comme qualité des filés, le premier rang sur la place de Roubaix. Les machines sont françaises.

Troisième Partie. — Tourcoing.

ARRECKX-GOLLETTE (Veuve), à Tourcoing.
Echantillons de fils de laine, gazés, lissés.
100 ouvriers, 500,000 francs.

Les fils qu'on désigne sous ce nom sont tordus et passés au feu pour être dégagés de tout brin et de tout duvet et être rendus parfaitement lisses à la vue et au toucher.

Ces fils, d'une grande difficulté d'exécution, servent à la passementerie et à la fabrication des popelines et des tissus mélangés.

L'Angleterre seule connaissait la fabrication de ces fils, lorsqu'un jeune filateur de Tourcoing conçut l'idée d'affranchir la France d'un tribut payé à l'étranger. Après des tentatives longues et coûteuses, il arriva au but qu'il voulait atteindre, sans autres secours que celui de son génie; car machines et système, il avait tout créé, tout inventé. Malheureusement dans ses recherches pénibles et laborieuses, il usa sa vie en peu de temps et mourut au moment même où il allait profiter de sa belle découverte.

Sa veuve a compris ce qu'elle devait à la mémoire de son mari. Non-seulement elle exploite, mais elle perfectionne le secret qui lui a été légué. Dernièrement un défaut de formalité à fait saisir ses produits à la douane de Paris comme étant de provenance anglaise, il a fallu l'intervention de l'administration municipale et de la chambre consultative des arts et manufactures de Tourcoing pour en constater l'origine.

Mme. Vve. Arreckx expose une série complète de fils de laine. Les N.^{os} $1/55$ fil simple, $2/60$ et $2/70$ fils doubles gazés, lissés, sont d'une finesse et d'une beauté qu'il paraît difficile de surpasser.

Les efforts intelligents de Mme. Vve. Arreckx-Collette, sont recommandés à la bienveillance du Jury central.

BONNEL, Henri, fabricant, à Tourcoing.
60 coupes tissus en laine pour robes.
50 ouvriers, 150,000 francs.

M. Bonnel a entrepris depuis trois ans seulement la fabrication des lainages et déjà ses produits jouissent d'une excellente réputation.

BOUCHART-FLORIN, à Tourcoing.
Diverses coupes de tissus pour meubles et pour robes.
750 ouvriers, 2,000,000 francs.
Mention honorable à l'Exposition de Londres en 1851.

Simple ouvrier, M. Bouchart-Florin est devenu par son intelligence un des fabricants les plus distingués du pays.

Peigneur de laine depuis trente ans, cet industriel a acquis des connaissances profondes dans cette matière textile. Aussi moins de onze années lui ont suffi pour créer une importante fabrication de lainages et tissus pour meubles dont la réputation rivalise déjà avec les plus anciennes et les meilleures maisons de ce genre d'articles.

Il expose un admirable assortiment de tissus pour meubles et pour robes.

BOUILLET-FLORIN, à Tourcoing.
18 coupes de tissus molletons.
100 ouvriers, 250,000 francs.

M. Bouillet-Florin est un excellent fabricant, et ses molletons sont connus très-avantageusement et jouissent d'une faveur exceptionnelle.

Il expose pour la première fois.

DARRAS-LEMAIRE, fabricant, à Tourcoing.
Laines peignées et filées.
200 ouvriers, 1,000,000 francs.

M. Darras-Lemaire, sorti des rangs du peuple, est devenu un des industriels les plus distingués.

Son magnifique établissement, monté de machines et métiers de la dernière perfection, procure des fils peignés, mixtes et cardés très-estimés.

Cet industriel expose aussi des bobines de laine d'Italie, de Turquie, d'Angleterre, provenant de son peignage mécanique. Ces produits sont très-beaux et parfaitement soignés.

DEBUCHY, Désiré (veuve), sous la raison sociale D. DEBUCHY, fabricant, à Tourcoing.
160 coupes de tissus en coton, en pur fil de lin et en fil et coton.
220 ouvriers, 285,000 francs.
Médaille de bronze en 1827.— Rappel en 1834 et 1839.— Médaille d'argent en 1844. — Rappel en 1849.

Cette ancienne maison s'est constamment distinguée par l'excellence et le bon marché de ses produits. Les tissus qu'elle expose sont remarquables par leur variété, leur bon goût et leur bonne exécution. On y trouve depuis le pantalon de fantaisie jusqu'à l'étoffe imperméable qui sert de manteau à l'Indien.
Le Jury central appréciera les efforts intelligents de ce fabricant.

DEBUCHY, D. (veuve), sous la raison sociale D. DEBUCHY, fabricant, à Tourcoing.
Échantillons de coton filé.
75 ouvriers, 155,000 francs.

M. Debuchy expose pour la première fois comme filateur. Il présente des numéros 4 $^m/_m$ à 80 $^m/_m$ simples et retors, cotons écrus et mélangés. L'assortiment qu'il soumet en cotons mélangés a été filé sur des machines de la dernière perfection.

DELPUTTE, Louis, fabricant, à Tourcoing.
20 coupes molletons et flanelles.

M. Louis Delputte expose pour la première fois. Il présente des molletons et flanelles d'une bonne exécution et à des prix modérés.

DEROUBAIX, Henri, fabricant, à Tourcoing.
Échantillons de laines peignées et filées.
110 ouvriers, 100,000 francs.

M. H. Deroubaix peigne avec succès les laines de toutes provenances. Il exploite, depuis peu de temps, une filature, créée à Lille, par des Anglais, pour produire des fils de laine tordus et grillés, dits *cordonnets*.

Ces produits demandent une régularité qui approche de la perfection. Longtemps la fabrication française fut tributaire de l'Angleterre pour cet article. Aujourd'hui encore le marché de Lyon est alimenté pour une bonne part par quelques filateurs de Bradfort. Mais, grâce à de nombreux perfectionnements, nos produits peuvent être rangés sur la même ligne que ceux provenant des meilleurs faiseurs de l'Angleterre. Seulement le prix de revient de ces derniers est beaucoup moins élevé. Cela se comprend très-facilement, car nous avons à supporter des frais de premier établissement et des frais de fabrication beaucoup plus considérables. La filature des *cordonnets* demande une force motrice relativement très-considérable et n'a pu se faire ordinairement qu'avec des métiers continus, fabriqués en Angleterre, métiers que les droits de transports et les frais de toute sorte renchérissent de 60 à 75 pour cent.

Cette industrie nouvelle, qui, après des efforts infructueux à Essonne, en 1837, a eu tant de peine de s'implanter en France, mérite des encouragements.

DUQUENNOY-WATTEL, fabricant, à Tourcoing.
24 coupes tissus en laines pour robes.
50 ouvriers, 90,000 francs.

M. Duquesnoy-Wattel a entrepris la fabrication des lainages depuis six ans. Il connaît avantageusement les matières qu'il emploie et produit de bonnes étoffes. Il expose 10 coupes d'impression comme tissus.

DUVILLIER-DELATTRE, à Tourcoing.
22 coupes de tissus flanelles et molletons.
110 ouvriers, 300,000 francs.
Mention honorable en 1844. — Médaille de bronze en 1849.

M. Duvillier-Delattre se livre à la filature de la laine et au tissage des flanelles et molletons. Ses produits ont été justement appréciés aux expositions de 1844 et de 1849. Ceux qu'il présente à l'Exposition universelle de 1855 constatent un progrès réel.

Ce fabricant a contribué, pour sa part, par d'heureuses combinaisons, à raviver et à donner une grande extension à l'antique industrie des molletons.

Il revendique la propriété des dispositions et des dessins de cinq coupes carreaux croisés et de six pièces flanelle imprimée, ces articles ayant été déposés.

JOURDAIN-DEFONTAINE, à Tourcoing.

200 coupes coutils pour pantalons.

280 ouvriers, 600,000 francs.

Médaille de bronze en 1844. — Médaille d'argent en 1849.

M. Jourdain-Defontaine est un fabricant de premier mérite qui a déjà fait ses preuves.

Ses tissus jouissent en France, comme à l'étranger, d'une réputation incontestable. Son chiffre d'affaires, avec l'exportation, augmente annuellement, parce qu'on apprécie de plus en plus la solidité des couleurs et l'heureux assemblage des nuances de ses coutils.

On admirera surtout la perfection qu'il a su apporter à ses coutils blancs pur fil, qu'on ne pouvait se procurer autrefois qu'en Angleterre. Ses satins blancs sont également remarquables par leur finesse et leur régularité. On n'a rien fabriqué de mieux en ce genre.

L'exposition de M. Jourdain-Defontaine est de celles qui fixeront le plus l'attention du Jury, par la variété, la fraicheur et le bon goût de ses produits.

LALOY, Auguste, à Tourcoing.

25 coupes tissus en laines pour robes.

200 ouvriers, 600,000 francs.

M. A. Laloy est un fabricant remarquable qui, en sept années, a su apporter à sa fabrication une telle perfection, que les produits qu'il expose ne laissent rien à désirer sous le rapport de la qualité du tissu et de l'heureux choix des dispositions.

LAMOURETTE, Ph., et DESVIGNES, à Tourcoing.

Fils de laine peignée.

120 ouvriers.

MM. Lamourette et Desvignes exposent pour la première fois. Ils comptent parmi les bons filateurs de laine peignée. Les fils de laine d'Afrique qu'ils présentent sont d'une belle confection et d'une régularité remarquable.

LEBLAN, Alexandre, à Tourcoing.
Fils de laine peignée et fils mixtes.
200 ouvriers.

A voir l'exposition de M. Leblan, il semble qu'il ait voulu, pour charmer l'œil, imiter un tapis avec des bobines et des écheveaux en couleurs, tant les nuances sont bien mariées et bien fondues ; et cependant, ce sont là ses articles de qualités et de vente courante. C'est que, il faut le dire de suite, cet industriel est un filateur d'une rare intelligence.

Il obtenait une médaille de bronze à l'exposition de 1844, pour ses fils d'alpaca. Il n'a pas exposé en 1849. Néanmoins, il a fait des progrès constants dans la filature, et le chiffre de 100,000 fr. de *façons*, représente 11 à 1,200,000 francs d'affaires.

M. Leblan ne s'annonce pas comme l'inventeur du genre dit des *mélanges en laines*; il revendique seulement pour la mise en pratique le droit de priorité. La laine est teinte et mélangée avant d'être filée; mais comme les teinturiers les plus habiles ne sont pas sûrs d'avoir toujours le même ton dans chaque nuance, il faut souvent que le filateur change les proportions primitives pour arriver à obtenir le ton demandé par le fabricant. C'est là ce qui constitue la difficulté de la filature des nuances de fantaisie.

La beauté et la perfection des produits de M. Leblan attireront l'attention spéciale du Jury central.

LEMAN, Auguste, et C.ⁱᵉ
118 coupes coutils pour pantalons.
30 ouvriers, 100,000 francs.

M. Leman est un jeune fabricant intelligent et plein d'avenir, qui marche sur les traces de son ancien patron, M. Jourdain-Defontaine.

Il expose une variété charmante d'articles en pur fil et fil et coton pour pantalons.

LEMETTRE et BODIN, à Tourcoing.
14 coupes tissus en laine et coton ou molletons.

Ce fabricant, établi depuis trois ans, présente des tissus d'une bonne qualité et à des prix modérés.

LEPLAT-DEWAVRIN, à Tourcoing.
20 coupes tissus en laine pour robes.

M. Leplat-Dewavrin est établi depuis 1845, mais expose pour la première fois. Ses tissus sont composés de bonnes matières et sont bien fabriqués.

LEROUX-LEPLAT, à Tourcoing.
Étoffes pour ameublement en laine et laine et soie.

M. Leroux-Leplat a repris, depuis le 1.er septembre 1848, un établissement créé à Templeuve pour la fabrication des tissus à l'usage d'ameublement, c'est une maison importante qui compte 180 ouvriers et dont le chiffre d'affaires s'élève à fr. 900,000 par an.

Un heureux assortiment des nuances et un cachet de bon goût distinguent les produits de ce fabricant, dont une bonne partie sont exportés en Angleterre.

LESERRE, Alfred, à Tourcoing.
Fils de laine cardée et fils mixtes.
75 ouvriers, 200,000 francs.

M. A. Leserre expose pour la première fois. Il présente des divers échantillons de fil cardé et de fil cardé-mixte, provenant de déchet de laine d'Afrique. Ses produits jouissent d'une excellente réputation.

LAURENT frères et sœurs, à Tourcoing.
400 coupes tissus pour pantalons en fil pur, fil et coton, coton, laine et coton.
200 ouvriers.

MM. Laurent Frères et Sœurs exposent une quantité considérable d'articles pour pantalons, depuis 72 centimes jusqu'à 6 fr. le mètre.

Mentionnés honorablement en 1844 et récompensés de la médaille de bronze en 1849, ils ont, depuis cette dernière époque, considérablement augmenté le chiffre de leurs affaires qui est évalué par eux à f. 500,000, dont 3 à 400,000 pour l'exportation avec laquelle ils traitent directement.

LORTHIOIS-PEENAERT, à Tourcoing.
Diverses coupes tissus flanelles et molletons.
85 ouvriers.

M. Lorthiois-Peenaert expose pour la première fois. Les tissus qu'il présente dénotent une bonne fabrication. Etabli depuis six ans, le chiffre de ses affaires s'élève à f. 200,000.

POLLET-DELOBEL, à Tourcoing.
Fils de coton teints, mélangés et jaspés.
80 ouvriers, 400,000 francs.

M. Pollet-Delobel, bien que son établissement soit fort ancien, expose cependant pour la première fois. Ses produits consistent en cotons filés teints, mélangés et jaspés ; ils ne laissent rien à désirer pour l'assortiment des nuances et pour la netteté du fil.

REQUILLART-ROUSSEL et CHOCQUEL, à Tourcoing.
Tapis moquettes, étoffes pour meubles et tentures.
500 ouvriers, 1,200,000 francs.
Médailles d'or en 1844 et 1849. — Prize medal à Londres en 1851.

Ces Messieurs se sont acquis une réputation européenne pour leurs tapis moquettes qu'ils fabriquent avec une perfection admirable.

Ils ont pleinement justifié la distinction dont leur maison a été l'objet dans la personne de M. E. Requillart, nommé chevalier de la Légion-d'Honneur, à la suite de l'exposition universelle de Londres.

Cette manufacture importante, dans laquelle on réalise toutes les perfections que peut enfanter le génie, produit des étoffes pour meubles et tentures d'une beauté et d'une richesse remarquables.

Le Jury central voudra continuer à reconnaître les efforts intelligents d'une maison qui ne recule devant aucun sacrifice pour arriver aux dernières limites du progrès.

VOREUX-LEMAIRE, à Tourcoing.

Tissus en laine et laine et soie pour meubles et tentures.
150 ouvriers, 500,000 francs.

M. Voreux-Lemaire figure pour la première fois aux concours de l'industrie.

Ses étoffes pour ameublement sont remarquables par leur beauté et leur qualité.

Il expose un tissu pour rideaux, représentant une course romaine, d'une grande hardiesse d'exécution.

RAPPORT DE LA SECTION DES BEAUX-ARTS ET OBJETS DIVERS.

(M. BENVIGNAT, Rapporteur.)

BLANQUART-EVRARD, à Loos, près Lille, sous la raison sociale BLANQUART-EVRARD et Hippolyte FOCKEDEY.
17 volumes des publications de l'imprimerie photographique de Lille, dont 12 volumes d'ouvrages édités par l'exposant.

M. Blanquart-Evrard, en présentant ces 17 volumes comme spécimen d'un nouveau mode d'imprimerie, s'exprime en ces termes, dans une lettre adressée au comité :

« A côté de la photographie des amateurs, il y a l'art d'imprimer par
» la photographie. — Je me présente à l'exposition comme *imprimeur-*
» *photographe*, afin de prouver que cet art nouveau n'est pas une fiction,
» mais une réalité bien positive, et, qu'aux moyens d'impression déjà
» connus il faut ajouter un moyen de plus. — Je me présente, en outre,
» à l'exposition, pour faire constater que cet art nouveau et sans précé-
» dent, est déduit de mes travaux personnels sur la photographie. — Je
» viens donc vous prier de vouloir bien ne pas laisser classer mon expo-
» sition dans la catégorie de la photographie, mais de faire admettre les
» 17 volumes qui composent la partie éditée jusqu'ici de mes publications,
» parmi les produits de l'imprimerie et comme nouveau mode d'impres-
» sion. »

Le comité, après un examen attentif, tant au point de vue artistique qu'au point de vue industriel, des produits de l'imprimerie photographique de M. Blanquart-Evrard, ne peut que joindre ses instances à celles de cet artiste, pour que l'on ait moins égard au fini comparatif desdites productions, qu'aux procédés expéditifs à l'aide desquels il les obtient, et qui lui permettent de les tirer à un grand nombre d'exemplaires et de les livrer à des prix très-bas, relativement à ceux des productions ordinaires de la photographie.

BOTTY-TILMAN, à Lille.
8 chapeaux de paille.

Les chapeaux présentés par M. Botty-Tilman fils ont été fabriqués avec une paille de blé, d'une espèce particulière, provenant de la Belgique. Cette paille conserve toujours la même blancheur, et le chapeau N.° 1 démontre jusqu'à quel point de ténuité et de souplesse ce fabricant est parvenu à amener cette matière première et à la travailler.

BRÉBAR, Charles-Raimond, à Lille.
8 panneaux de peintures d'appartement.

M. Brébar est parvenu à imiter avec succès, dans ses peintures d'appartements, les marbres et les bois les plus précieux.

DANEL, Léonard, à Lille.
2 cadres et un album d'étiquettes et impressions typographiques.

La collection de vignettes et d'étiquettes présentée par M. Danel, offre des détails d'une finesse et d'une exécution très-remarquables. L'usage que les commerçants du nord et du midi de la France, et même ceux de Paris, font des produits de l'imprimerie de M. Danel, en attestent suffisamment la grande perfection et le bon marché.

DESWARTE-DATHIS, Romain, à Lille.
6 fûts de bière.

DIVOIR-LECLERCQ, Fidèle-Courageux, à Lille.
3 fusils, 2 canons de fusils et divers accessoires de chasse.

Plusieurs de ces pièces d'arquebuserie ont été dressées et polies intérieurement par un procédé inventé par M. Divoir-Leclercq. Ce procédé a pour avantages une plus longue portée et une plus grande précision ou justesse de tir. C'est ce que se plaisent à reconnaître quelques membres du comité, lesquels, depuis longtemps, ne se servent plus que des fusils perfectionnés de M. Divoir-Leclercq.

DUBRULLE, André-Narcisse, à Lille.
3 lanternes de sûreté.

M. Dubrulle a perfectionné la lampe de Davy par l'addition d'un mécanisme qui permet au mineur de moucher la mèche de cette lampe sans ouvrir la lanterne qui la renferme. A cet avantage M. Dubrulle en a ajouté un autre plus important, en prémunissant le mineur contre sa propre imprudence. A l'aide donc d'une autre disposition de ce petit appareil, le mineur ne peut plus ouvrir sa lanterne sans éteindre en même temps la lumière; ainsi disparait tout danger d'explosion. Ce sont ces perfectionnements, si importants pour le nombreux personnel employé dans son exploitation, qui ont déterminé la compagnie des mines d'Anzin à donner la préférence aux lanternes de M. Dubrulle sur toutes celles des autres systèmes.

EVALDRE, Henri, à Lille.
2 mosaïques pour vitraux d'églises.

Ces mosaïques se distinguent surtout par le mérite de la difficulté vaincue.

FOUCHET, Étienne, à Lille.
2 pessaires.

D'après le témoignage de praticiens distingués qui en font un usage constant, les pessaires de M. Fouchet réunissent des qualités essentielles sur le mérite desquelles le comité s'en réfère à l'opinion des hommes qui se livrent spécialement à l'art de guérir.

GISCLON, Edme-Antoine-Désiré, à Moulins-Lille.
15 pipes émaillées et 300 pipes assorties, de divers modèles.

Le perfectionnement des produits de la fabrique de M. Gisclon constitue une heureuse importation d'une industrie étrangère; car, jusqu'à ce jour, la France était tributaire de la Hollande pour les pipes réunissant les qualités de celles fabriquées actuellement à Moulins-Lille.

LAPAIX, Jean-Auguste, à Lille.
1 violoncelle, 2 violons et 1 alto.

Deux rapports très-favorables de la Société d'encouragement, de Paris, et de la Société Impériale des Sciences, de l'Agriculture et des Arts, de Lille, constatent la supériorité des instruments présentés par M. Lapaix, ainsi que le succès des procédés par lui inventés. Ces rapports sont joints au bulletin d'expédition ; ils mentionnent les témoignages les plus explicites que ce luthier a reçus d'artistes éminents, ainsi que de savants français et étrangers.

LE BLONDEL, Alphonse, à Lille.
1 cadre contenant 13 photographies sur papier et sur plaque.

LECLERCQ, Jules, à Wazemmes.
1 arc et 6 flèches.

Les nombreuses compagnies d'archers qui se sont perpétuées depuis un temps immémorial dans les campagnes de l'ancienne Flandre, y ont maintenu l'industrie éminemment locale que M. Leclercq a perfectionnée. L'arc et les flèches qu'il présente témoignent d'une grande adresse et d'une étude approfondie de la qualité des bois, sous le rapport de la souplesse, de la force, etc., etc. La perfection apportée dans l'ajustement des pièces dont l'arc est formé est, notamment, digne d'attention.

PLADYS, Charles, à Marcq-en-Barœul.
15 paires de sabots.

Transformer les sabots d'hommes et de femmes en une chaussure légère, gracieuse, et même élégante, tel est le problème que M. Pladys s'est posé et qu'il a résolu de la manière la plus heureuse.

WATTRELOT-DELESPAUL, à Lille.
Echantillons de chocolat.

M. Wattrelot-Delespaul se trouve dans les meilleures conditions pour fabriquer le chocolat en bonnes qualités et à des prix favorables, ainsi que le témoignent, non-seulement de nombreuses récompenses obtenues aux diverses expositions, notamment en 1851, à l'exposition universelle de Londres, mais encore la prospérité de son commerce qui s'étend aujourd'hui dans un grand nombre de départements.

En 1849. Culture de la pomme de terre ; recherches expérimentales sur la meilleure époque de la plantation.

Après avoir complété le travail concernant l'adoption des produits de l'agriculture et de l'industrie, il restait au Comité un devoir à remplir. L'article 10 des décrets et instructions pour les comités locaux est ainsi conçu : *Signaler, dans un rapport spécial, les services rendus à l'agriculture et à l'industrie par les ouvriers, contre-maîtres ou chefs d'exploitation.*

Malgré les difficultés que présentait le choix à faire entre tant d'hommes qui, à différents titres, méritaient de fixer l'attention du Comité, chaque section a été invitée à faire des présentations.

Des séances spéciales ont été consacrées à l'examen des titres des divers candidats, et après discussion, les recommandations du Jury local se sont renfermées dans les termes suivants :

POUR SERVICES RENDUS A L'AGRICULTURE.

Pour services rendus à l'agriculture comme chef d'exploitation.

LECAT-BUTIN, cultivateur, à Bondues.

M. Lecat-Butin est un cultivateur hors ligne qui a rendu de nombreux et importants services à l'agriculture. En raison de ces services, constatés par 36 médailles décernées par diverses sociétés, le Jury local recommande M. Lecat à toute la bienveillance du Jury impérial pour lui faire obtenir la plus haute récompense.

TRAVAUX PUBLIÉS PAR M. LECAT-BUTIN.

En 1842. Culture comparative entre différentes espèces ou variétés de blé ;
En 1843. Rapport sur la culture comparative de blé en ligne et à la volée ;
En 1844. Des blés d'Espagne, d'automne et de printemps.
En 1845. Résultats d'expériences comparatives entre les blés du pays et d'autres variétés de blés étrangers récemment introduits dans l'arrondissement ;
En 1848. De la supériorité de quelques variétés de blés étrangers sur ceux cultivés dans le pays ;

En 1850. Influence de certains engrais sur l'augmentation ou la diminution de la maladie de la pomme de terre ;

En 1851. Culture du tabac : résultats d'expériences comparatives sur l'action fertilisante des cendres de tabac, du guano et du tourteau d'œillette ;

En 1852. Recherches pour tirer le meilleur parti possible de la culture du lin, au point de vue des intérêts du cultivateur ;

En 1853. Observation sur la culture et la dessiccation des tabacs ;

En 1854. Notice historique et pratique sur la culture du tabac dans l'arrondissement de Lille ;

En 1854. Expériences comparatives sur deux espèces ou variétés de tabac.

Pour services rendus à l'agriculture comme maître de labour.

FENART, Auguste, maître de labour à Houplines.

Recueilli dès le jeune âge et en qualité de parent éloigné par M. Leroy, fermier à Houplines, élevé par ses soins, Auguste FENART fut tout d'abord employé aux travaux des champs, puis il conduisit les charrues et se livra aux opérations aratoires. La mort vint lui enlever son protecteur : sa veuve lui reconnaissant les qualités d'un excellent cultivateur, lui confia la gestion de son exploitation, qu'il dirigea depuis et jusqu'à ce jour avec une si remarquable habileté qu'il devint, en 1852, l'occasion de décerner, par la Société impériale des Sciences, de l'Agriculture et des Arts de Lille, à M.me veuve Leroy, la médaille d'honneur pour la ferme du canton d'Armentières tenue avec le plus d'intelligence et de capacité. C'est lui qui est le véritable auteur de la supériorité de culture qui a mérité à sa parente cette brillante distinction, aussi jouit-il de toute sa confiance et la justifie-t-il par un généreux dévouement qui le fait vénérer de la famille de M.me Leroy comme son digne chef, en même temps qu'il est considéré par l'opinion publique comme le meilleur agriculteur du pays.

Auguste FENART est actuellement âgé de 53 ans. Cet exposé simple et vrai de sa vie modeste, consacrée avec la plus entière abnégation au bonheur d'une famille pour laquelle il a été tout à la fois un serviteur fidèle et un véritable père, n'a pas besoin de commentaires : d'aussi rares et touchantes vertus ne recherchent pas l'éclat des récompenses publiques, et l'on est trop heureux d'avoir à les offrir en imitation à toutes les classes de la société.

Pour services rendus à l'agriculture comme valet de charrue.

THIEFFRY, Jean-Baptiste, à Bouvines.

Le comité local a rencontré dans cet agent agricole, employé chez M. Demouveaux, Benjamin, fermier à Bouvines, un digne émule de M. Auguste Fenart. Jean-Baptiste Thieffry a successivement été employé comme garçon de cour, valet de ferme, et enfin depuis dix ans, comme maître de labour, remplaçant son maître infirme, rentrant toujours avec une exactitude exemplaire pour donner ses soins aux animaux de la ferme ; soignant avec un zèle et une capacité dignes d'éloges les intérêts d'une nombreuse et honorable famille, qui, sans ses soins tout paternels, aurait incliné à sa ruine ; ne se réservant que les petits profits pour ses menus plaisirs ; il fait, avec ses gages, subsister sa vieille mère, veuve depuis vingt-sept ans, et dont il est l'unique soutien.

Ces faits, textuellement cités, sont relatés dans un certificat signé de cultivateurs notables de la commune de Bouvines, pleinement confirmés par plusieurs membres du Comice agricole : ils ont été vérifiés par une Commission spéciale qui en a assuré la rigoureuse exactitude.

Pour services rendus à l'agriculture comme simple ouvrier de ferme.

MAUVAISTEMPS, Hippolyte-Médard, est un enfant des hospices de Lille, entré comme vacher chez M. Damide, fermier à Louvil, à l'âge de dix ans et y remplissant depuis quarante ans, les fonctions de valet de ferme. Actif, intelligent, probe, adroit à toute espèce de travaux, cet agent s'est toujours montré apte, non seulement à remplacer le maître, mais encore à suppléer indistinctement à l'absence du berger, du laboureur, ou de tout autre travailleur des champs. Aussi économe pour le chef de l'exploitation que pour lui-même, il a su, avec un faible salaire et malgré les charges d'une famille composée de sept enfants, acquérir une modeste demeure, entourée de quelques ares, où sous l'influence de ses leçons et de ses exemples, ses fils sont devenus d'excellents ouvriers agricoles.

POUR SERVICES RENDUS AUX ARTS CHIMIQUES.

Rapport et propositions concernant les services rendus aux arts chimiques.

La section des arts chimiques, prenant en considération l'importance et la durée des services rendus aux arts chimiques par des ouvriers et contre-maîtres sur lesquels elle a pu avoir des renseignements certains, a l'honneur de recommander au Jury impérial les candidats suivants :

1.° Jean-Baptiste Wastin, contre-maître depuis dix-huit ans à la fabrique de fécule et de glucose de MM. Ed. Defontaine, à Marquette-lez-Lille.

La fabrique de fécule de Marquette-lez-Lille, a été fondée en 1837. Humble à son origine, elle a grandi progressivement et a fini par travailler sur une large échelle, râpant jusqu'à 300 hectolitres de pommes de terre en douze heures. Aujourd'hui, Lille, Roubaix, Tourcoing, tout le nord de la France, Saint-Quentin, Gand, la Belgique, recherchent la fécule de Marquette, et des médailles obtenues aux expositions de 1844, 1849, prouvent toute l'importance des perfectionnements que cette fabrique a successivement et constamment reçus.

Or, de l'avis de MM. Defontaine, c'est surtout au travail persévérant, à l'intelligence, au dévouement de Jean-Baptiste Wastin qu'il faut attribuer ces progrès. Nous vous proposons donc, avec confiance, de recommander Jean-Baptiste Wastin à toute la bienveillance du Jury impérial.

2.° Hennebois, Louis, contre-maître de la fabrique de chicorée de M. Humbert-Lerville, à Lille, depuis 1833.

Le concours aussi actif qu'éclairé de ce contre-maître, ses recherches incessantes pour perfectionner les procédés mécaniques de la fabrication, diminuer la fatigue et les dangers du travail aux fourneaux, ont contribué pour une large part aux succès industriels de la fabrique de MM. Humbert-Lerville.

3.° Leclerc, Henri, contre-maître dans la fabrique de M. Lefèbvre, à Moulins-Lille, depuis 1825.

Digne surtout par le zèle, l'activité, la régularité avec lesquels il a constamment rempli ses fonctions, Leclerc n'a pas manqué un seul jour de travail durant ses trente années de bons et loyaux services.

4.° Fr.-J. Descamps, second contre-maître dans la fabrique de céruse de M. J. Poelmann, à Moulins-Lille, a si bien concouru aux perfectionnements et aux progrès de cet établissement, que déjà il a attiré sur lui l'attention bienveillante de la Société d'encouragement.

5.° Hage, B, ouvrier depuis 1824 à la fabrique de céruse de M. Faure à Wazemmes ; Caby, Jean-Baptiste, ouvrier depuis 1825, à la fabrique de M. Lefebvre, à Moulins-Lille ; et Caron, Jean-Baptiste, occupé depuis 1836 à la fabrique de céruse de M. Poelmann, sont des serviteurs courageux, dévoués, actifs, dignes d'avoir part aux récompenses du Jury impérial.

POUR SERVICES RENDUS AUX BEAUX-ARTS.

Après renseignements pris auprès des exposants dont elle a eu à examiner les produits, la section ne voit à signaler pour services rendus à l'industrie par des chefs d'exploitations, des contre-maîtres ou des ouvriers, qu'un seul nom, c'est celui de M. Lapaix, Jean-Auguste, luthier à Lille, qui a exposé une collection d'instruments à archet, et qui est connu depuis longtemps par les perfectionnements qu'il a apportés à la fabrication de ce genre d'instruments. La bonté des cordes en soie filée qu'il fabrique, nous paraît aussi constituer un progrès réel dans l'art du luthier.

Enfin, nous devons ajouter que, d'après la déclaration de M. Lapaix, il fabrique tous ses produits seul et sans aucun aide ; en sorte qu'il peut être considéré à la fois, et comme chef d'exploitation et comme ouvrier.

La section pense donc que M. Lapaix mérite d'être signalé à l'attention de la Commission impériale et recommandé à toute sa bienveillance.

Dans une dernière séance, le Comité, après avoir entendu l'exposé de ses travaux par M. le Rapporteur général, a décidé que M. le Préfet serait prié de faire imprimer cet exposé, pour qu'un exemplaire puisse être adressé promptement à chacun de MM. les membres du Jury international.

Arrêté en séance générale du Jury local, le 11 juillet 1855.

A. Mimerel, *Président*.
J. Lefebvre, *Vice-Président*.

F. Kuhlmann, *Rapporteur*.
A. Lamy, *Secrétaire*.

(Lille-)Imp. L. Danel.

www.ingramcontent.com/pod-product-compliance
Lightning Source LLC
LaVergne TN
LVHW050604090426
835512LV00008B/1337